Annrose Niem

Seneca – stoischer Betonkopf oder einfühlsamer Lebensberater?

Drei Vorträge über Römer des ersten nachchristlichen Jahrhunderts (Seneca, Plinius d.J. und Plinius d. Ä.)

© 2014 Annrose Niem.
Herstellung und Verlag: BoD – Books on Demand, Norderstedt
ISBN: 978-3-7357-3705-2

Vorwort

In diesem Band sind drei populärwissenschaftliche Vorträge versammelt, die ich in den Jahren 2008, 2010 und 2011 über drei große Persönlichkeiten im Rom des ersten nachchristlichen Jahrhunderts im Stadtmuseum Quakenbrück gehalten habe:

Der erste bietet eine Einführung in die Philosophie Senecas an Hand der Trostschrift, die er aus seiner Verbannung auf Korsika an seine Mutter Helvia gerichtet hatte.

Der zweite stellt den Gerichtsredner und Schriftsteller Plinius den Jüngeren vor; Schwerpunkt sind die beiden Briefe, in denen er über den Vesuvausbruch im Jahre 79 nach Christus berichtet. Bei dieser Katastrophe kam sein Onkel und Adoptivvater, Plinius der Ältere, ums Leben. Dieser hatte sich zu nahe an den Gefahrenherd herangewagt, weil er das Schauspiel des Ausbruchs aus wissenschaftlichem Interesse aus nächster Nähe beobachten und zugleich als Kommandant der römischen Flotte Menschen aus der unmittelbaren Nähe des Vulkans retten wollte.

Er und sein großes naturwissenschaftliches Werk, die *Naturalis Historia*, sind dann Gegenstand des dritten Vortrags.

Alle drei Vorträge sind schon einmal in Einzelbänden („Seneca und Plinius" und „Weltall, Erde und Mensch bei Plinius dem Älteren") vom Stadtmuseum Quakenbrück herausgegeben worden. In diesem Band habe ich sie noch einmal zusammengestellt.

Quakenbrück, im Mai 2014   Annrose Niem

Seneca, stoischer Betonkopf oder einfühlsamer Lebensberater?

Gehört Seneca ins Museum? Zur Beantwortung dieser Frage muss man sich zunächst fragen, was man von einem Museum erwartet. Die Antworten darauf werden verschieden sein; doch immer wird es darum gehen, dort Gegenstände ausgestellt zu sehen, die aus den verschiedensten Gründen sehenswert sind. Oft sind es z.B. Ausstellungsobjekte älteren Datums, die ihren Sitz im Leben verloren haben, weil sie inzwischen auf Grund technischer Neuerungen überholt sind. Sie sind dann entweder interessant für die, die sie nicht in Funktion gesehen haben, weil sie vielleicht damals noch zu jung waren, oder sie erwecken in Älteren beziehungsreiche Erinnerungen. In der Regel werden die Ausstellungsobjekte in einen Zusammenhang gestellt und mit Erklärungen versehen sein. Es bedarf also des Museumsleiters und seiner Helfer als Mittler zwischen Gegenstand und Betrachter.

Heute möchte ich mich zum Mittler machen zwischen Ihnen und dem römischen Philosophen Seneca, der im ersten nachchristlichen Jahrhundert lebte. Es ist – um im Bild des Museums zu bleiben – ein Gegenstand aus alter Zeit, von dem uns nicht nur 2000 Jahre trennen, sondern auch das Land, in dem er lebte, und die Sprache, in der er sich ausdrückte: Er war Bürger des sich damals über das gesamte Mittelmeergebiet ausdehnenden römischen Weltreiches und sprach Latein, eine Sprache, die heute nicht mehr gesprochen wird.

Er ist aber auch ein Mensch, der schon in der Antike und später immer wieder Kontroversen auslöste: Manche werfen Seneca nämlich vor, nur hohle Phrasen gedroschen und bei eigenem Reichtum Armut gepredigt zu haben. Andere – und in den letzten Jahrzehnten sind es immer mehr geworden – halten dagegen, dass sein ausgefeilter – und manchmal auch übertreibender – rhetorischer Stil für ihn nur ein Mittel war, auch anderen eindrücklich zu vermitteln, was ihm selbst wichtig schien. Seine Verteidiger schenken seinen Beteuerungen Glauben, dass er auch seinen Reichtum richtig eingesetzt habe; denn – so argumentieren sie – seine Glaubwürdigkeit sei ja spätestens in seiner Todesstunde augenfällig geworden, von der uns der Geschichtsschreiber Tacitus eindrücklich berichtet. Doch dazu später!

Bevor ich mit meinen eigentlichen Ausführungen beginne, noch eine Klarstellung: Es wird hier nicht, wie der Schauspieler Hans Clarin (Jg. 1929) Philosophie definiert haben soll, um „eine geistreiche Übersetzung des Unerklärlichen ins Unverständliche" gehen. (Ich hoffe das wenigstens!)

Seneca ist kein trockener Theoretiker, sondern ein Berater in Fragen, die sich uns zum großen Teil auch heute noch stellen. In seinen Werken geht es in erster Linie um ethische Fragen, Fragen also, die den Menschen selbst, aber auch die Natur, die ihn umgibt, betreffen. Denn die Stoa, der Seneca angehörte, forderte vom Menschen ein Leben in Übereinstimmung mit der Natur. Und wenn wir hören, dass „Natur" für sie auch eine von vielen möglichen Bezeichnungen für „Gott" war, können wir erahnen, dass es hier nicht nur um naturwissenschaftliche, sondern auch um theologische Dimensionen geht. Man kann also ein mit der Natur übereinstimmendes Leben als ein gottgefälliges Leben verstehen.

Im Folgenden will ich Ihnen die Hauptmerkmale der Stoa – soweit sie für unsere Belange wichtig sind – vorstellen und sie dort, wo es der Klarheit dient, gegen die Standpunkte des Epikureismus absetzen; denn zu Senecas Zeiten waren in Rom zwei philosophische Richtungen vorherrschend: der Epikureismus, benannt nach seinem Gründer Epikur, und die Stoa. Beide waren bereits im 3. vorchristlichen Jahrhundert bei den Griechen aufgekommen.

Die Stoa ist benannt nach der στοὰ ποικίλη (Stoa poikile), einer bunt bemalten Säulenhalle in Athen, die dort der Versammlungsort der Stoiker gewesen war. Im Gegensatz zum Epikureismus, der als sein Hauptziel das individuelle Glück des Menschen postulierte, stand in der Stoa ein Leben in Übereinstimmung mit der Natur im Mittelpunkt. Diese unterschiedlichen Zielsetzungen erklären sich in erster Linie aus dem unterschiedlichen Verhältnis der beiden philosophischen Richtungen zum Göttlichen.

Epikur hatte das Vorhandensein von Göttern nicht geleugnet. – Und wenn ich hier von Göttern spreche, dürfen wir uns darunter nicht mehr die alten Götter aus der griechischen und römischen Mythologie vorstellen, die sich zankten, Ehebruch betrieben und, wie auch schon die alten griechischen Philosophen festgestellt hatten, den Menschen in keiner Weise Vorbild waren! – Epikur hatte also das Vorhandensein von göttlichen Wesen nicht bestritten, sie aber in einem Zwischenbereich von Himmel und Erde angesiedelt, wo sie glücklich vor sich hin lebten und sich in keiner Weise um die Welt und die Menschen kümmerten. Dagegen spielt das Göttliche in der Stoa eine wichtige Rolle. Von ihm war die Welt durchdrungen, und auch die Seele des Menschen hatte Anteil am Göttlichen; denn man glaubte, dass sie aus ihm entstanden sei.

Und wie menschlicher Körper und menschliche Seele bzw. menschlicher Geist eine untrennbare Einheit bilden, so stellte man sich auch im Großen die Welt vom Göttlichen durchdrungen vor. Ganz anders war es bei den Epikureern: Diese dachten sich die Welt mechanisch entstanden und rein materiell. Bei ihnen besteht alles aus kleinsten Teilchen, den Atomen, die sich durch Zufall nicht nur zu unbelebten Dingen, sondern sogar auch zur menschlichen Seele formen. – Zurück zur Stoa: Für sie waren Materie und Gott untrennbar miteinander verbunden. Das Göttliche hatte aber im Universum eine Vorrangstellung vor der bloßen Materie, eine Vorrangstellung, wie sie auch die menschliche Seele im menschlichen Körper haben sollte. – Und wenn ich von Seele spreche, ist der Geist immer mitgemeint und umgekehrt! –

Auf diesem Hintergrund ergibt sich für den Menschen als vordringliche Aufgabe, den Geist, das Göttliche, das er in sich hat, zu fördern und sich möglichst unabhängig von körperlichen Zwängen zu machen. Alles, was der Mensch begehrt, was er erhofft, was er fürchtet, bezieht sich auf seinen Körper und ist vom Zufall bestimmt und somit belanglos. Daraus ergibt sich für die Stoa: All die Dinge, die landläufig als erstrebenswert oder auch als schwer hinzunehmen gelten, alle scheinbaren Güter oder Übel also, sind im Grunde unwichtig und vernachlässigenswert: Zu den scheinbaren Gütern gehören z.B. Gesundheit, Reichtum, Erfolg, zu den scheinbaren Übeln z.B. Krankheit, Schmerz, Misserfolg und sogar der Tod.

So gibt es für den Stoiker kein anderes wirkliches Übel als die charakterliche Schlechtigkeit, kein anderes wirkliches Gut als die *virtus,* d.h. das bestmögliche Verhalten und den bestmöglichen Zustand eines Menschen: *Virtus* vereint in sich die Tugenden der Tapferkeit, Besonnenheit, Gerechtigkeit und nicht zuletzt der Weisheit, die man als Wissen von allen göttlichen und menschlichen Dingen definierte.

Der Weise, der im Vollbesitz dieser *virtus* ist, war das Ideal der alten Stoa. Außer den Weisen gab es für sie nur Toren. Doch bald wurde klar, dass das lebensfremd war. So steht bei Seneca nicht der Besitz von, sondern das Streben nach *virtus* – und damit nach Weisheit – im Mittelpunkt der Betrachtung. – Damit wird gleichzeitig der alte Begriff „Philosophie" wieder wortwörtlich verstanden: Liebe zur bzw. Streben nach Weisheit. – Nur so war es Seneca auch möglich, für ein gottgefälliges Leben zu werben; denn er selbst war sich bewusst, von dem eigentlich unerreichbaren Ziel der Weisheit weit entfernt zu sein, sah es aber als lohnend an, mit Hilfe der „Krücke" Philosophie dem Ideal möglichst nahe zu kommen und auch andere dorthin zu führen.

Seneca war zwar Stoiker, nahm sich aber die Freiheit, auch Gedanken anderer philosophischer Richtungen in sein Denken aufzunehmen. So finden sich in seinen Werken z.B. auch pythagoreische, platonische, aristotelische und epikureische Elemente.

Nun aber zu Seneca selbst:

Er wurde etwa um Christi Geburt als zweiter von drei Brüdern in Corduba, im südlichen Spanien, geboren. Wie Sie sicher wissen, wurde damals der gesamte Mittelmeerraum von den Römern beherrscht und Senecas Geburtstadt Corduba lag in der römischen Provinz Baetica, benannt nach dem Fluss Baetis, dem heutigen Guadalqvivir.

Senecas Vater, ein Mann aus dem vermögenden Mittelstand, hatte selbst rhetorische Werke verfasst. Heute wird er – im Unterschied zu seinem berühmteren Sohn – Seneca *Rhetor* – also Seneca, der Redner – genannt. Noch bis zur Zeit von Erasmus von Rotterdam (1466-1536) hat man Vater und Sohn für ein und dieselbe Person gehalten, bis man später den Irrtum bemerkte und den Sohn durch den Zusatz *Philosophus* vom Vater unterschied. Senecas Mutter Helvia ist uns nur aus dem Werk bekannt, das ich Ihnen im zweiten Teil dieses Referats vorstellen werde.

Vater Seneca sorgte dafür, dass sein Sohn schon in jungen Jahren nach Rom kam, damit er sich dort gleich an die römische Hochsprache gewöhnte; galt doch das in Spanien gesprochene Latein als hart und provinzlerisch. In Rom lernte er wie die meisten seiner Zeitgenossen zunächst die Grundtechniken, also Schreiben, Lesen und Rechnen, wechselte dann zum sog. *Grammaticus*, bei dem er in die griechische und lateinische Literatur eingeführt wurde, um dann seine Schulausbildung beim Rhetor zu beenden. Für die rhetorische Schulung dienten sehr viele lebensfremde Situationen als Übungsstoff. – Seneca hat sich später immer wieder kritisch über alle spitzfindigen Erörterungen geäußert, die nur viel Zeit kosteten, aber nicht zu einer sinnvollen Lebensführung beitrügen. – So bricht er einmal in den Ausruf aus: *Das ist schlimm: Nicht für das Leben, sondern für die Schule lernen wir!* (Non vitae, sed scholae discimus! – Das kommt manchem von Ihnen vielleicht – allerdings in umgekehrter Reihenfolge – bekannt vor.)

Auf Wunsch des Vaters schloss sich für Seneca eine juristische Ausbildung an. (Das kann man heute noch daran erkennen, dass er in seinen Werken viele juristische Termini benutzt.) Doch schon in jüngeren Jahren wechselte er zur Philosophie:

Sein erster Lehrer war dort der Stoiker Sextius, der in Rom eine Lebensgemeinschaft nach pythagoreischen Grundsätzen gegründet hatte. Das hieß z.B., dass man sich u.a. zu einer asketischen – vegetarischen – Lebensweise und zu allabendlichen Selbstprüfungen verpflichtete. Auch Seneca beugte sich zunächst allen Gemeinschaftsregeln. Auf die Zeit in dieser philosophischen Gemeinschaft geht auch sein Interesse für Naturwissenschaften zurück. Auch sein ständiges Bemühen um Übereinstimmung von Leben und Lehre lässt sich auf das Zusammenleben in dieser Lebensgemeinschaft zurückführen.

Anders stand es allerdings mit der asketischen Lebensweise, die er bald auf Bitten seines Vaters aufgab; denn er war von einer schweren – wohl asthmatischen – Krankheit befallen. Aus diesem Grund trat er auch des günstigen Klimas wegen eine Reise in die römische Provinz Ägypten an, wo der Mann seiner Tante Präfekt war. Dort scheint er mehrere Jahre verbracht zu haben; bis er – wieder gestärkt – auf Fürsprache seiner Tante die übliche Ämterlaufbahn in Rom antrat.

Sein rhetorisches Können erweckte den Neid Kaiser Caligulas (37-41), der ihn sicher aus dem Wege geschafft hätte, wenn nicht eine Frau aus seinem Umfeld die Vermutung geäußert hätte, Senecas Tod werde auf Grund seiner Krankheit sowieso nicht lange auf sich warten lassen. Das war seine Rettung.

Vielleicht war diese Frau ja auch Caligulas Schwester; denn Seneca wurde unter dem Nachfolger Claudius des Ehebruchs mit einer Schwester Caligulas geziehen und deshalb – ob das der wirkliche Grund gewesen ist, wissen wir allerdings nicht – im Jahre 41 in die Verbannung nach Korsika – auch das war römische Provinz! – geschickt. Acht Jahre musste er sich dort aufhalten, und er nutzte die Zeit offensichtlich für sein literarisches Schaffen (Das Werk, das ich Ihnen gleich vorstellen werde, ist am Anfang dieser Verbannungszeit geschrieben).

Im Jahre 49 wurde Seneca dann von Agrippina (geboren in Köln!), die nun Ehefrau des Kaisers geworden war, nach Rom zurückgeholt; es war ihr Wunsch, dass der Philosoph ihren 12-jährigen Sohn Nero erzog; denn sie hatte vor, diesen Sohn aus ihrer ersten Ehe zum Nachfolger des Claudius zu machen.

So geschah es dann auch nach der Ermordung des Claudius im Jahre 54. Und Seneca avancierte vom Erzieher Neros zu dessen politischem Berater: Zusammen mit dem Reiterpräfekten Burrus regierte er nun das römische Weltreich. Nach Aussagen von Zeitgenossen soll dies eine sehr glückliche Zeit für Rom gewesen sein; der erst 17-jährige Nero zeigte noch nicht sein wahres Gesicht und konnte zunächst noch von seinem prominenten Lehrer in Schranken gehalten werden. Wie er sich später aufführte, werden Sie sicher alle schon gehört haben.

Nach dem Tod des Mitregenten Burrus schwand Senecas Einfluss auf seinen ehemaligen Schüler Nero allmählich, so dass der Philosoph im Jahre 62 seinen Rücktritt einreichte und dem Kaiser die Rückgabe all dessen anbot, was er während der Zeit bei Hof von ihm bekommen hatte. Nero wies das Angebot jedoch beleidigt zurück.

Seneca zog sich darauf auf sein Anwesen zurück und verfasste in dieser Zeit seine wichtigsten Werke, bis er im Jahre 65 verdächtigt wurde, an einer Verschwörung gegen Nero beteiligt gewesen zu sein, und deshalb von diesem zum Selbstmord gezwungen wurde. Eine Beschreibung seiner Todesstunden finden wir beim römischen Geschichtsschreiber Tacitus. Daraus geht hervor, dass er ohne Angst, beherzt und aufrecht aus dem Leben geschieden ist.

Von Seneca sind erstaunlich viele Werke erhalten geblieben; das zeigt, dass man sie lange gelesen hat. Vielleicht spielte auch bei ihrer Erhaltung eine Rolle, dass man lange Zeit annahm, er habe eine Korrespondenz mit dem Apostel Paulus geführt und sei vielleicht selber Christ gewesen. – Erst zur Zeit des Humanismus, als auch die profanen antiken Werke wieder an Geltung gewonnen hatten, stellte man fest, dass die besagte Korrespondenz eine Fälschung aus dem 3. nachchristlichen Jahrhundert war.

Wir kennen über das Erhaltene hinaus auch manche Titel, zu denen die Werke verloren gegangen sind (z.b. eine Biographie seines Vaters). Die auf uns überkommenen Werke sind zum Teil sehr schwer zu datieren, weil Seneca selbst sich kaum einmal auf datierbare Zeitereignisse bezieht.

So wissen wir z.b. nicht, wann die neun *Tragödien* entstanden sind, die Stoffe aus der griechischen Mythologie zum Inhalt haben und später großen Einfluss auf das dramatische Schaffen besonders in den romanischen Ländern und England ausübten. Sie waren – wie damals üblich – in Versen abgefasst.

Ein weiteres Werk, halb in Versen und halb in Prosa geschrieben, ist die *Apokolokyntosis* (wörtlich „Verkürbissung", was unserem Wort „Veräppelung" entspricht, hier satirisch für „Apotheose", Vergöttlichung). Sie fand nach dem Tod des Kaisers Claudius und seiner Apotheose Verbreitung. Darin gießt Seneca beißenden Spott über den ihm verhassten Kaiser aus. Das hat man ihm später zum Vorwurf gemacht; denn derselbe Seneca hatte vorher auch die offizielle Leichenrede auf Claudius verfasst, die dann von seinem Zögling Nero gehalten worden war. (Allerdings sollen damals die Zuhörer in Gelächter ausgebrochen sein, als Nero eine Partie über die Weisheit des Claudius verlas.)

Doch nun zu seinen ernsthaften philosophischen Werken: Nach seinem Rückzug aus der Politik verfasste er die *Briefe an Lucilius*, von denen 124 auf uns gekommen sind. Man ist sich heute weitgehend einig darin, dass es rein literarische Briefe sind, sie also nie zu einer echten Korrespondenz gehörten, obwohl feststeht, dass der Adressat Lucilius wirklich existiert hat und in der Provinz Sizilien Statthalter war.

In diesen Briefen führt Seneca seinen etwas jüngeren Freund in die Philosophie ein. Seneca beginnt in seinen Briefen bei den leichteren und grundlegenden Dingen, bedient sich erst später einer strengeren Terminologie und wiederholt ständig das, was ihm besonders wichtig erscheint. Das alles in glänzender – und hin und wieder auch etwas übertreibender – Rhetorik, und deshalb ist er – wie gesagt – schon von der Antike an kritisiert worden.

Doch was mir Seneca so sympathisch macht, ist folgendes: Er bezieht sich selbst in die Sinnsuche mit ein und verschweigt dabei auch nicht seine eigenen Fehler. Nicht zuletzt hat er immer versucht, so zu leben, wie es seiner Lehre entsprach, und das sogar in der schwierigsten Situation, die man sich überhaupt vorstellen kann, bei seinem eigenen Tod.

Ein weiteres Werk, das in dieser späten Zeit entstanden ist, sind die *Naturales Quaestiones,* Naturbeobachtungen. Auch sie sind demselben Lucilius gewidmet und sind über alle sieben Bücher hin von Betrachtungen über den Menschen und über seinen Umgang mit der Umwelt durchwoben.

Einen dritten großen Werkkomplex bilden die so genannten *Dialoge*, die wir heute vielleicht eher als Essays bezeichnen würden. In ihnen werden zehn Themen abgehandelt. Sie sind verschiedenen Personen gewidmet, an die sie gerichtet sind, ohne dass es allerdings zu einem richtigen Dialog käme. Auch sie sind nicht alle sicher zu datieren, scheinen aber zu ganz verschiedenen Zeiten geschrieben zu sein, ohne dass sich das aus ihrer überlieferten Reihenfolge ablesen ließe. Ich fasse die in den Dialogen behandelten Fragen im Folgenden kurz zusammen:

- In dem Werk über die Vorsehung stellt Seneca die Frage, wie es mit der göttlichen Gerechtigkeit zu vereinbaren sei, dass Menschen, obwohl sie gottgefällig lebten, in ihrem Leben oft viel leiden müssten.
- In dem Dialog über das konsequente Leben eines Weisen beschreibt er, wie man sich einen charakterlich guten und nach Weisheit strebenden Menschen vorzustellen hat.

- In dem Werk über den Zorn, dem längsten der Dialoge, stellt er heraus, was Unbeherrschtheit und Jähzorn anrichten können, und macht sich darüber Gedanken, wie man ihrer Herr werden könnte.
- Besonders interessant ist sein Dialog über das glückliche Leben, in dem es darum geht, wie man sich ein glückliches Leben vorzustellen habe. Seneca nimmt darin u.a. auch auf seinen eigenen Reichtum Bezug und gibt zu verstehen, dass er schon damals kritisiert worden ist, weil er trotz eigenen großen Vermögens ein Leben in Armut propagierte.
- In seinem Dialog über die Muße oder die „Freizeit" – wie wir vielleicht heute sagen würden – geht es darum zu zeigen, dass ein Stoiker zwar grundsätzlich in der Politik wirken sollte, aber unter bestimmten Bedingungen in der Zurückgezogenheit, fern vom politischen Leben, der Menschheit und der Welt nutzen könne.
- Im Dialog über die Gemütsruhe zeigt er, wie man auch im größten Trubel und in der Hetze des Alltags zu innerer Gelassenheit finden kann.
- In der Abhandlung über die Kürze des Lebens macht Seneca deutlich, dass ein erfülltes und sinnvolles Leben nicht von dessen Länge abhängig ist.
- Schließlich gehören zu den Dialogen drei Trostschriften. In zwei von ihnen tröstet Seneca Hinterbliebene über den Tod naher Angehöriger hinweg, wobei er auch deutlich zum Ausdruck bringt, was für ihn selbst der Tod bedeutet: Nur in der Volksmeinung sei der Tod ein Übel, in Wahrheit aber halte dieses Urteil der näheren Betrachtung nicht stand.
- Die dritte Trostschrift schließlich ist an seine Mutter Helvia gerichtet. Seneca will seine Mutter darüber trösten, dass er im Exil leben muss und ihr deshalb nicht nahe sein kann. Es handelt sich um eine seiner frühen Schriften – zur Zeit ihrer Abfassung war er Anfang 40 –, die ich unter

dem Gesichtspunkt der leichteren Verständlichkeit ausge-
wählt habe. Doch ich glaube, dass sich auch an diesem
Werk Senecas stoische Grundhaltung nachvollziehen lässt.
Überdies enthält diese Schrift das meiste von dem, was wir
von ihm selbst über sein Leben erfahren:

Die Trostschrift an die Mutter Helvia

Am Anfang entschuldigt sich Seneca, dass er sich erst so spät
an die Mutter wendet; denn seit dem Beginn seiner Verbannung
war inzwischen schon ein ganzes Jahr ins Land gegangen. Drei
Gründe führt er zu seiner Entschuldigung an:

- Er glaubt, wirksameren Trost spenden zu können, wenn er
  sich erst selbst an die neue Situation des Exils gewöhnt hat
  und zur Ruhe gekommen ist.
- Auch darf man – so sagt er –, solange der Schmerz noch
  frisch sei, noch nicht trösten, sondern muss die rechte Zeit
  dafür abwarten. Zu früher Trost schade, so wie auch ein
  Medikament schade, das zur Unzeit verabreicht wird.
- Außerdem habe er in der Literatur kein Beispiel dafür finden können, dass der Betrauerte selbst der Tröster ist.

Die dritte Entschuldigung finde ich insofern interessant, weil
sie einerseits ein Licht darauf wirft, wie man damals mit literarischen Vorlagen umging: Man gestaltete sie nach, ohne Rechen-
schaft über die Herkunft zu geben. Das galt nicht als Plagiat. Man
war – im Gegenteil – stolz darauf, wenn es einem gelungen war,
aus seinen Vorgaben ein neues, harmonisches Ganzes geschaffen
zu haben. Andererseits können wir annehmen, dass Seneca mit
dieser besonderen Trostschrift etwas ganz Eigenständiges geschaffen hat.

Seneca bereitet Helvia darauf vor, dass sein Trost zuerst sehr
schmerzhaft für sie sein werde, weil er viele alte Wunden aufrei-

ßen müsse, die das Schicksal ihr in ihrem Leben schon zugefügt habe. Er nennt diese alten Wunden:

Helvias Mutter war bei ihrer Geburt gestorben, deshalb musste sie bei einer Stiefmutter aufwachsen. Nur einen Monat nachdem ihr Schwager, der schon genannte Ägyptenpräfekt, gestorben war, hatte sie auch den Tod ihres Ehemanns, Senecas Vaters, zu beklagen. Außerdem hatte sie den Tod dreier Enkel hinnehmen müssen, von denen einer, Senecas Sohn, erst kurz vor dessen Verbannung gestorben war. Doch – so schließt Seneca – wer schon so viele Schicksalsschläge tapfer ertragen hat, wird leichter mit jedem weiteren fertig.

Senecas Trost erfolgt in zwei Schritten. Er will seiner Mutter klarmachen, dass

1. er selbst trotz seiner Verbannung nicht unglücklich ist,

2. auch sie keinen Grund habe, untröstlich zu sein.

Einen Weisen – so schickt er voraus – hebt weder das, was man landläufig Glück nennt, in den Himmel, noch wirft ihn das Gegenteil, das so genannte Unglück, nieder. Doch da Seneca die höchste Stufe des Glücks, weise zu sein, noch nicht erreicht hat, wie er ehrlich bekennt, nimmt er Zuflucht zur stoischen Philosophie. Diese lehrt nämlich zweierlei: (1) Man muss im Leben auf alles vorbereitet sein und (2) wenn man sich nicht von seinem Glück verblenden lässt, dann macht auch ein Schicksalswechsel nicht unglücklich. Denn die Natur hat es so eingerichtet, dass zu einem sittlich guten Leben nicht viel Aufwand gehört; zu einem sittlichen Leben gehören nämlich nicht die Dinge, die uns – im Guten oder im Schlechten – durch Zufall zuteil geworden sind. Auf dieser Grundlage will er nun beweisen, dass Verbannung kein Unglück ist, auch wenn es landläufig so gesehen wird.

Die Verbannung ist für Seneca nichts anderes als ein Ortswechsel – also kein Unglück. Zu allen Zeiten und an allen Orten hat es immer wieder viele Menschen gegeben, die sich – fern von ihrem Wohnort – in der Fremde aufhielten.

Zunächst bezieht er sich auf die Hauptstadt Rom. Ihre Ursprünge sind – wie es die Sage will – schon vor langer Zeit von einem Fremden (Äneas) gelegt worden. Nach Rom streben auch noch zu Senecas Zeit viele Menschen aus den verschiedensten Gründen. Er beschreibt seine Stadt in diesem Zusammenhang als die größte und schönste Stadt, und der Leser spürt, wie gern er dorthin zurückkehren würde!

Aber – so sagt er – sogar auf Korsika, seinem Verbannungsort, den er als sehr abstoßend beschreibt, lebten Fremde. Hier seine Beschreibung (6,5):

Was kann so nackt, was rundherum so abschüssig sein wie dieser Fels? Wo könnten die Lebensmittel ärmlicher, die Bevölkerung unzivilisierter, die Lage schauriger und das Klima ungemäßigter sein? Und trotzdem halten sich hier mehr Fremde als Einheimische auf! So wenig ist also die Ortsveränderung selbst unangenehm, dass auch dieser Ort manche von ihrer Heimat weggelockt hat.

Er führt weitere Beispiele für Völkerbewegungen zu allen Zeiten an, für deren Ursache er den Bewegungsdrang und das Fernweh des Menschen hält. Bewegungsdrang und Fernweh sind seiner Meinung nach auf den göttlichen Ursprung des Menschen zurückzuführen; denn auch in der großen Natur bewege sich alles. Schließlich stellt Seneca fest, dass es für einen Philosophen keine Fremde geben kann: Denn das, was für ihn wesentlich ist, gibt es überall auf der Welt, nämlich: die den Menschen umgebende Natur und das, was ihm selber an Gutem innewohnt.

Und so beschreibt Seneca – als Beispiel für die ihn umgebende Natur –, wie er allabendlich den nächtlichen Sternenhimmel bewundert und sich nicht daran satt sehen kann. Dieses herrliche, überirdische Schauspiel könne man auch auf der kargen und unfruchtbaren Insel Korsika genießen, ja, vielleicht hier noch besser, weil keine hoch hinaus wachsenden Gebäude den Himmel verdecken – das ist ein Seitenhieb auf die auch damals schon zu beklagende Baumanie (9,2).

Nachdem Seneca so gezeigt hat, dass das Exil für ihn nichts anderes ist als ein Ortswechsel, kommt er im Folgenden auf die bescheidene Lebensweise in der Verbannung zu sprechen, die ja landläufig als Armut und damit als Unglück angesehen werde. – Dazu sollten Sie wissen, dass die hier gemeinte Armut – es gibt zwei Wörter für Armut im Lateinischen –, nicht als Bettelarmut, sondern als maßvolle Genügsamkeit, als bescheidener Wohlstand zu verstehen ist. – In Anbetracht der zu seiner Zeit verbreiteten Genusssucht und Völlerei kommt ihm so verstandene Armut geradezu wie ein Heilmittel vor. Und auch bei dieser Gelegenheit versäumt Seneca es nicht, gegen die Genusssucht seiner Zeit zu Felde zu ziehen, was an dieser Stelle in dem Ausruf gipfelt (10,3):

Sie erbrechen sich, um zu essen, sie essen, um sich zu erbrechen! Die Delikatessen, die sie auf der ganzen Welt zusammensuchen, sind es ihnen also nicht einmal wert, sie zu verdauen.

Dasselbe wie für die Ernährung gelte auch für Kleidung und Wohnung. Armut betrifft nur den Körper, nicht den Geist (11,4):

Wer sich auf das natürliche Maß beschränkt, wird die Armut nicht fühlen; wer das natürliche Maß überschreitet, den wird auch im größten Wohlstand die Armut begleiten. Notwendigen Bedürfnissen genügen auch Verbannungsorte, überflüssigen nicht einmal Königreiche. Der Geist ist es, der reich macht; dieser folgt ins Exil, und wenn er alles, was für die Erhaltung des Körpers ausreicht, gefunden hat, besitzt er sogar in den unwirtlichsten Einöden eigene Güter in Hülle und Fülle und genießt sie; Geld hat mit dem Geist nichts zu tun, ebenso wenig wie mit den unsterblichen Göttern.

Armut, so sagt Seneca, gibt es schließlich auch im Reichtum. Er unterstreicht diese Behauptung mit dem Beispiel eines Reichen, der sich auf Auslandsreisen ebenso wie alle anderen in seinem Gepäck beschränken müsse.

Einen kurzen Blick wirft Seneca abschließend noch auf die Schande, die mit der Verbannung verbunden sein könnte. Auch sie ist nur vermeintlich ein Übel und kann ihm deshalb nichts anhaben. Denn: Nur der muss sich schämen, der sich selbst verachtet.

Damit hat Seneca die auf ihn selbst bezogenen Trauergründe abgehandelt. Nun wendet er sich den Gründen zu, die Helvia selbst haben könnte. Zwei Dinge – so meint er – könnten Anlass für ihre Trauer sein: Helvia könnte entweder die Hilfe ihres Sohnes vermissen oder auch einfach ihre Sehnsucht nach ihm nicht ertragen.

Der erste Grund – die Hilfe des Sohnes – ist schnell verworfen; denn die Mutter hat nie Vorteile aus dem Verhältnis zu ihren Söhnen gezogen, sondern im Gegenteil, ihnen immer von sich aus Hilfe und Unterstützung angeboten.

Was den zweiten Punkt – ihre möglicherweise übergroße Sehnsucht – betrifft, so gibt er Helvia zu bedenken, dass sie eigentlich an die Trennung von ihrem Sohn gewöhnt sein müsse, zumal sie ja im weit von Rom entfernten Corduba wohne und ihm deshalb auch sonst nicht immer nah sei.

Sie sei eine außergewöhnliche Frau. Von ihr dürfe er deshalb auch jetzt ein Verhalten erwarten, das man durchschnittlichen weiblichen Wesen nicht zumuten könne (16,2 ff.):

Dein Leben zeigte von Anfang an größere Tapferkeit, darum stellt es auch höhere Anforderungen an dich; die Berufung auf weibliche Schwäche ist nicht statthaft für eine Frau, der alle weiblichen Untugenden fremd waren. Dich hat die schlimmste Krankheit unserer Zeit, die Schamlosigkeit, nicht angesteckt wie die meisten; nicht Edelsteine, nicht Perlen haben deine Sinne zu wandeln vermocht; dein Auge ist nicht geblendet worden durch den Glanz des Reichtums, als wäre er das höchste Gut der Menschheit; in einem alten und strengen Hause aufgewachsen, hast du dich nie zum Schlechteren hinreißen lassen, was auch tüchtigen Menschen passieren kann; niemals hast du dich deines Kinderse-

*gens geschämt, als ob dieser deinem Alter nicht mehr angemessen
wäre, niemals hast du nach Art der anderen Frauen, die keinen
anderen Ehrgeiz kennen als den einer schlanken Figur, deine
Schwangerschaft verborgen, als wäre sie eine unziemliche Last;
niemals auch hast du dem in dir aufkeimenden jungen Leben ein
vorzeitiges Ende bereitet; dein Antlitz hast du nie mit Schminke
und verführerischen Schönheitsmitteln entstellt; niemals hast du
Gefallen gefunden an einem Gewand, das genau so viel verhüllt
wie gar keins: Als einziger Schmuck galt dir deine keusche Zu-
rückhaltung.*

So dürfe Helvia – fährt Seneca fort – den Schmerz der Sehnsucht nicht nur durch irgendwelche ablenkenden Beschäftigungen
betäuben, sondern müsse ihn ganz besiegen. Dazu empfiehlt er
auch ihr die Beschäftigung mit der Philosophie; denn er weiß,
dass sie sich in jungen Jahren schon einmal dafür interessiert hatte, aber leider von ihrem altmodischen Mann, Senecas Vater, davon abgebracht worden war.

Diese Stelle wie auch das Zitat davor gibt uns Gelegenheit, einen Blick auf die Stellung der Frau zu Senecas Zeit zu werfen:
Als Unverheiratete unterstand sie der *patria potestas*, d.h. der
Gewalt ihres Vaters, und ging mit ihrer Verheiratung praktisch in
den Besitz des Ehemannes über, der – wie wir hier sehen – auch
das Recht hatte, ihr Beschäftigungen zu verbieten, die sie bevor-
zugte. Doch ihr Ehemann ist inzwischen gestorben, so dass der
Sohn ihr nun nahe legen kann, an das Begonnene anzuknüpfen;
denn die Philosophie werde sie von allem Ungemach befreien.

Doch bevor sie *diesen sicheren Hafen* erreicht habe, sagt Seneca, solle sie sich von den übrigen Verwandten trösten lassen. Er
nennt zunächst ihre beiden anderen Söhne, Senecas älteren und
jüngeren Bruder, von denen der eine politische Karriere gemacht
hatte und der andere ein zurückgezogenes Leben führte. Beide
könnten ihr in ihrer Weise nützlich sein. Dann nennt er ihre Enkel
(ob es sich dabei um Senecas eigene Kinder handelt, weiß man
nicht), dann ihren Vater, der in Corduba ihrer Unterstützung be-

dürfe, und schließlich ihre Schwester, die sich beim Tod ihres Mannes, des Ägyptenpräfekten, besonders tapfer verhalten habe und sicherlich auch ihr Trost spenden kann.

Wenn sie aber trotz allem durch die Sehnsucht nach ihrem verbannten Sohn übermannt werden sollte, dann soll sie sich ihn folgendermaßen vorstellen (20,1 f.):

Froh und frisch musst du dir mich denken, wie in vollstem Glück; denn ich bin in einer Lage, wie sie besser nicht sein kann: ist doch mein Geist, entbunden von jeder belastenden Tätigkeit, jetzt frei für seine eigentlichen Aufgaben: Bald erfreut er sich an leichten Studien, bald erhebt er sich, von Wahrheitsdurst getrieben, zur Betrachtung der eigenen Natur sowie der des Alls. Zuerst erforscht er Landstriche und deren Lage, darauf die Beschaffenheit des sie umströmenden Meeres mit seinem Wechsel von Ebbe und Flut; dann lenkt er den Blick auf alles, was zwischen Himmel und Erde sich Furcht Erweckendes abspielt, und durchforscht diese Region, die durch Donner, Blitz, Sturm sowie durch Regengüsse, Schnee und Hagel ständig beunruhigt ist; sodann, nach Durchwanderung der niedrigen Regionen, bahnt er sich den Weg zum Höchsten und schwelgt im Genuss des herrlichsten Schauspiels, des Anblicks des Himmlischen; und im Bewusstsein seiner Unvergänglichkeit versenkt er sich in alles, was gewesen ist und sein wird zu allen Zeiten.

Damit endet Senecas Trostschrift und auch dieser Vortrag.

Ich hoffe, Sie haben an diesem kleinen Beispiel aus Senecas reichhaltigem Werk etwas von dem erahnen können, was ich Ihnen von diesem großen Denker sagen wollte und was mich persönlich so für ihn einnimmt. Er ist – hoffentlich! – auch für Sie zu einem interessanten „Ausstellungsobjekt" geworden, das anzuschauen sich lohnt und immer wieder lohnen wird.

Der römische Gerichtsredner und Schriftsteller Plinius der Jüngere und der Vesuvausbruch im Jahre 79

Vor zwei Jahren habe ich hier ein Referat über den römischen Philosophen Seneca gehalten und am Anfang die Frage gestellt: Gehört Seneca ins Museum? Dieselbe Frage könnte ich auch heute stellen: Gehört Plinius der Jüngere ins Museum? Und die Antwort würde genauso lauten wie damals: So wie sich ein Museumsmitarbeiter zum Mittler macht zwischen den von ihm ausgestellten Gegenständen und dem Betrachter, so will ich mich zum Mittler machen zwischen Ihnen und dem römischen Gerichtsredner und Schriftsteller Plinius, dem Jüngeren, der – wie Seneca – auch im ersten nachchristlichen Jahrhundert lebte, also auch ein „Gegenstand" aus alter Zeit ist, von dem uns nicht nur fast 2000 Jahre trennen, sondern auch das Land, in dem er lebte, und die Sprache, in der er sich ausdrückte: Auch er war Bürger des sich damals über das gesamte Mittelmeergebiet ausdehnenden römischen Weltreiches, das zu seiner Zeit unter Kaiser Trajan seine größte Ausdehnung erfahren hatte, und sprach Latein.

Lassen Sie mich zunächst kurz Gemeinsamkeiten und Unterschiede im Leben der beiden großen Römer Seneca und Plinius herausstellen: So wie Seneca war auch Plinius der Jüngere – wie wir schon aus der Namensangabe („der Jüngere") entnehmen können – der Nachfahre eines ebenso berühmten gleichnamigen Römers: Er war der Neffe und Adoptivsohn des sog. Älteren Plinius, des Naturforschers, Schriftstellers und kaiserlichen Flottenkommandanten. Sein leiblicher Vater war nämlich schon kurz nach seiner Geburt verstorben. Er, der Jüngere Plinius, kam im Jahre 61 oder 62, also ca. 60 Jahre nach Seneca, auf die Welt und war bei dessen Tod im Jahre 65 noch ein kleines Kind.

Beide sind in einer Provinzstadt geboren – Seneca in Corduba (Spanien), Plinius in Comum (Norditalien) –, beide kamen schon in jungen Jahren nach Rom und begannen dort mit einer juristisch-rhetorischen Ausbildung.

Beide bekleideten hohe politische Ämter bei Kaisern: Seneca bei Nero (54–68), Plinius bei Domitian (81-96), Nerva (96-98) und Trajan (98-117).

Beide waren reiche Besitzer mehrerer Landgüter, die ihnen entspannende und auch schöpferische Mußestunden ermöglichten.

Beide waren schriftstellerisch tätig und haben uns u.a. Briefe hinterlassen. Während aber Senecas Briefe Kunstbriefe sind, die in ihrer Gesamtheit eine Einführung in die Philosophie darstellen, hat uns Plinius wirklich abgesandte Briefe hinterlassen, die er später überarbeitet und in neun Büchern selbst herausgegeben hat. Diese Information erhalten wir aus dem ersten Brief der Sammlung, den Plinius an einen literarisch interessierten Freund gerichtet hat. Dieser – so schreibt er – habe ihn wiederholt aufgefordert, seine Briefe herauszugeben. Das habe er nun getan, allerdings ohne eine chronologische Reihenfolge einzuhalten. Eine Briefsammlung sei ja schließlich kein Geschichtswerk, so dass er seine Briefe so herausgegeben habe, wie sie ihm gerade in die Hände gefallen seien. Doch dazu später …

Nun erst einmal zu seinem Leben, dessen Daten wir zum größten Teil seinen eigenen Briefen entnehmen:

Er wurde im Jahre 61/62 in Comum, dem heutigen Como in Norditalien, geboren. Mit dieser Stadt blieb er zeitlebens verbunden, und dort erinnert auch noch heute viel an ihn (Statue am Dom, Via Plinio, Villa am Ufer des Comer Sees, die auf den Grundmauern eines seiner Landhäuser errichtet worden sein soll). Denn der Jüngere Plinius hatte zu seinen Lebzeiten seiner Heimatstadt einiges geschenkt: So die Einrichtung und den Unterhalt einer Bibliothek und eine korinthische Statue für den dortigen Jupitertempel. Außerdem hatte er am Ort die Möglichkeit zu studieren geschaffen, weil die dort ansässigen Jugendlichen bis dahin nach Mailand zum Studium gehen mussten.

Nach dem frühen Tod seines Vaters (76) kam er nach Rom, wo er bei seinem Onkel, dem sog. Älteren Plinius, aufwuchs. Der vermögende Onkel adoptierte seinen Neffen und ließ ihm eine rhetorische und juristische Ausbildung angedeihen. Er, der Ältere Plinius, kam im Jahre 79 bei dem berühmt gewordenen Vesuvausbruch ums Leben: Er kommandierte damals im Auftrag des Kaisers Vespasian die römische Flotte am Kap Misenum – also nahe beim Vesuv. Nach seinem Tode erbte der damals etwa 18 Jahre alte Neffe das große Vermögen seines Onkels, das ihn finanziell unabhängig machte.

Und obwohl der Jüngere Plinius schon von Anfang an literarische Neigungen erkennen ließ und ihnen auch nachgab, trat er trotzdem schon in jungen Jahren den Beruf des Anwalts an und schlug damit eine politische Laufbahn ein. Er durchlief die Ämterlaufbahn unter den drei Kaisern, die zu seiner Zeit herrschten:

So war er unter Domitian (81-96) im Jahr 82 Militärtribun in Syrien und ließ sich in dieser Zeit auch von Philosophen (z.B. Euphrates) unterrichten. Unter Domitian bekleidete er auch das Amt des Quästors (88), das Volkstribunat (91/92) und das Amt eines Verwalters der Kasse für die Veteranenversorgung (95/96). Unter Nerva (96-98) verwaltete er die Staatskasse. Unter Trajan (98-117) wurde er nach Ausübung anderer Ämter im Jahr 100 Konsul und schließlich 111 zum Statthalter der Provinz Bithynien-Pontus (in der heutigen Türkei, südlich des Schwarzen Meeres) ernannt. In Ausübung dieses Amtes starb er im Jahre 113.

Außer den neun Büchern der von Plinius selbst herausgegebenen Briefe besitzen wir noch ein 10. Buch: Es enthält den amtlichen Briefwechsel, den er mit seinem „Dienstherrn“, dem Kaiser Trajan, während seiner Statthalterschaft in Bithynien-Pontus geführt hat. In diesem Fall sind sogar die Antworten des Kaisers erhalten. U. a. enthält er auch eine Anfrage des Plinius (10,96), wie er sich gegenüber dem sich damals in Kleinasien ausbreitenden

Christentum zu verhalten habe. Darauf gehe ich aber hier nicht weiter ein. Es wäre ein weiteres abendfüllendes Thema.

Von Plinius selbst wissen wir, dass er auch eine Gedichtsammlung und von ihm selbst gehaltene Reden, die er später überarbeitete, herausgegeben hat; aber außer den genannten Briefen und seiner Antrittsrede als Konsul im Jahre 100 ist nichts anderes erhalten geblieben.

Im Folgenden will ich Ihnen die Briefsammlung anhand einiger Beispiele vorstellen, um dann in der zweiten Hälfte meines Referats besonders auf die beiden Vesuvbriefe einzugehen.

Das von Plinius selbst herausgegebene Briefcorpus besteht aus 247 Briefen, die an 105 verschiedene Adressaten gerichtet sind. Es ist von ihm in neun Büchern nach dem Prinzip der *Variatio*, also der Abwechslung, zusammengestellt worden: In buntem Wechsel folgen Briefe aus dem beruflichen Alltag auf solche, die vom geruhsamen Leben in den luxuriös eingerichteten Landhäusern berichten. Dabei haben wir uns das geruhsame Leben nicht nur aus privaten Vergnügungen, z.B. der Jagd und dem Angeln, vorzustellen, sondern es umfasste auch das schriftstellerische Schaffen, das in der Antike immer nur in der Mußezeit gedeihen konnte. Bunt durcheinander gewirbelt sind auch die verschiedenen Adressaten, neben Kollegen, Freunden und Verwandten auch bekannte Persönlichkeiten, wie die Schriftsteller Tacitus und Sueton. Kurze Briefe wechseln sich mit langen ab. Die chronologische Reihenfolge spielt kaum eine Rolle.

Man ist heute, wie gesagt, allgemein der Ansicht, dass es sich bei den Pliniusbriefen um wirklich abgesandte Briefe handelt. In ihrer Verschiedenheit geben sie uns einen guten Eindruck vom politischen, literarischen und kulturellen Leben der Zeit, also dem späten ersten Jahrhundert nach Christus. Wir erfahren gleichermaßen etwas vom damaligen Gerichtswesen wie vom gesellschaftlichen Leben. Sogar recht private Einblicke in die persönliche und familiäre Umwelt des Autors werden uns gewährt.

Wenden wir uns zunächst den Briefen zu, in denen wir einen Einblick in das Gerichtswesen der Zeit bekommen:

Neben den Schilderungen einzelner Gerichtsverfahren zivil- und staatsrechtlicher Art finden wir bei Plinius immer wieder auch kritische Bemerkungen zum Gerichtswesen in der Kaiserzeit, das sich nach seinen Beobachtungen – im Vergleich zu dem in der republikanischen Zeit – sehr zu seinen Ungunsten entwickelt hat: So schildert er z.b. in einem Brief (2,14), dass immer mehr ungeschulte und unvorbereitete Gerichtsredner aufträten. Sie mieteten sich Claqueure, die auf ein Zeichen eines Anführers hin die Zuhörer zu lauten Beifallskundgebungen animieren sollten. So könne man zu seiner Zeit bei einem Gang durch die Gerichtshallen am lautesten Beifall den schlechtesten Redner erkennen.

Neben diesem Brief fand ich unter den Briefen, die das Gerichtswesen betreffen, besonders die interessant, in denen Plinius zeigt, dass ihm der Geist eines Gesetzes wichtiger ist als der Buchstabe: So hatte ihn z. B. ein Kollege darauf aufmerksam gemacht (epist. 2,16), dass der Zusatz zu einem Testament nur dann gültig sei, wenn er im Testament selbst bestätigt werde. Plinius entgegnete ihm darauf, dass ihm diese Regel selbstverständlich bekannt sei, er sich aber sozusagen das eigene Gesetz gegeben habe, den Willen Verstorbener gleichsam als vollkommen gültig zu befolgen, auch wenn das Testament juristische Mängel aufweise. Plinius hatte nämlich festgestellt, dass der Erblasser einen solchen Anhang **eigenhändig** geschrieben hatte, so dass für ihn kein Zweifel an dessen Willen möglich war.

Ähnlich verfährt er in einem Fall (epist. 4,10), in dem eine Frau namens Sabina ihrem ehemaligen Sklaven Modestus in ihrem Testament etwas vermacht hatte. Das war aber nach dem Gesetz nur dann möglich, wenn die vorher erfolgte Freilassung des Sklaven auch aktenkundig war. Einen Beweis für die Freilassung aber gab es im vorliegenden Fall nicht. Dazu vermerkt Plinius Folgendes an seinen Adressaten:

Alle meinen übereinstimmend, dass dem Modestus die Freiheit nicht zustehe, da sie ihm nicht ausdrücklich geschenkt worden sei, und also auch nicht die Erbschaft, weil Sabina sie ihm ja als ihrem Sklaven vermacht habe. Aber mir scheint ein offensichtlicher Irrtum vorzuliegen; und deshalb meine ich, wir müssten so verfahren, als ob Sabina geschrieben hätte, was sie selbst glaubte, geschrieben zu haben. Ich vertraue darauf, dass du dich meiner Meinung anschließen wirst. Denn du beachtest ja sonst immer sehr gewissenhaft den Willen Verstorbener, der denen als verbindlich gilt, die ihn richtig verstanden haben... Modestus soll also mit unserer Zustimmung frei bleiben, er soll auch in den Genuss der Erbschaft kommen, so als ob Sabina alle gesetzlichen Vorschriften genau beachtet hätte.

Mit diesem Urteil zeigt Plinius übrigens außerdem, dass er – wie seinerzeit auch Seneca – für eine menschliche Behandlung der Sklaven plädierte, die ja juristisch nur als Sache, eben als Privateigentum, eingestuft werden durften und in der Regel auch so eingestuft wurden.

Ich will Ihnen noch einige Beispiele aus den Briefen anführen, in denen Plinius vom Leben auf seinen Landgütern schreibt: Das Leben auf dem Land auf den eigens dafür konzipierten Landgütern bedeutete für die reichen Römer Freiheit vom beruflichen Stress, und gleichzeitig bildete das Land das Ambiente für schriftstellerische und dichterische Tätigkeiten. Im folgenden Brief (4,6) vergleicht Plinius die Erträge von dreien seiner Landgüter:

Mein Landgut in Etrurien (heutige Toskana) *ist vom Hagel heimgesucht worden; aus der Gegend jenseits des Po wird größter Überfluss, aber auch ein entsprechend niedriger Preis gemeldet; allein mein Laurentinum bringt Ertrag. Ich besitze zwar dort nichts als Haus und Garten und gleich daneben den Strand, und dennoch bringt dieses allein mir Ertrag. Hier nämlich schreibe ich am meisten, und ich bearbeite und pflege nicht das Land, das ich nicht habe, sondern ich pflege mich selbst durch meine Studien, und wie ich dir an anderen Orten eine volle Scheune zeigen kann, so hier einen vollen Bücherschrank. Wenn du also sichere und einträgliche Güter haben willst, so schaffe auch du dir etwas an dieser Küste an. Leb wohl!*

Das in dieser Beschreibung so bescheiden wirkende Laurentinum – es lag in der Nähe der Hafenstadt Ostia, also nicht weit von Rom entfernt – wird von Plinius an anderer Stelle (epist. 2,17) ausführlich beschrieben. Man bekommt dort einen guten Eindruck von der Weitläufigkeit und Großzügigkeit eines solchen Anwesens. An wieder anderer Stelle (epist. 5,6) beschreibt Plinius sein etrurisches Landgut, also das, von dem im gerade zitierten Brief am Anfang die Rede war. Es umfasst neben unzähligen Wohn- und Repräsentationsräumen mehrere Bäder, einen Ballspielraum, der mehrere Mannschaften aufnehmen konnte, mehrere Säulenhallen, eine Reitbahn, Weinberge und Wälder, in denen Plinius der Jagd nachgehen konnte. Auf diesem Gut scheint er in der Regel den Sommer verbracht zu haben; denn er beschreibt in einem Brief (epist. 9,36) einem Freund seinen sommerlichen Tageslauf auf diesem Landgut. Im Laurentinum scheint er dagegen den Winter verlebt zu haben, wie er demselben Freund in einem anderen Brief (epist. 9,40) schreibt.

Am Ende dieses allgemeinen Durchgangs durch das Briefcorpus möchte ich Ihnen doch nicht einige ganz intime Briefe vorenthalten, die Plinius an seine Frau gerichtet hat. Sie, Calpurnia Hispulla, war seine dritte Frau. Sie muss noch sehr jung gewesen sein. Das wiederum können wir aus einem Brief (epist. 8,10) entnehmen, in dem Plinius ihrem in Comum lebenden Großvater von der Fehlgeburt seiner Frau berichtet. Dort heißt es zur Begründung dieses Unglücks:

... denn in ihrer jugendlichen Unkenntnis wusste sie nicht, dass sie schwanger war, und unterließ deswegen manches, was Schwangere beachten müssen, und tat manches, was sie hätte unterlassen sollen.

In einem anderen Brief (epist. 4,19) dankt er der Tante seiner Frau dafür, dass sie diese so liebevoll miterzogen und sie später mit ihm, Plinius, zusammengebracht habe. Er schildert hier das liebevolle Wesen seiner Frau, aber auch ihren Scharfsinn und ihr Interesse an der Arbeit ihres Mannes: Sie besitze alle seine Schriften, die sie nicht nur lese, sondern zum Teil sogar auswendig lerne. Sie erkundige sich stets danach, wie das Auftreten ihres Mannes vor Gericht bewertet werde, und sitze bei seinen Rezitationen (Veranstaltungen, in denen man vor Publikum seine Werke vor der schriftlichen Veröffentlichung vortrug) sogar in nächster Nähe – nur durch einen Vorhang von ihm getrennt – und freue sich über das Lob, das man ihrem Mann dabei zolle. Schließlich singe sie sogar die von ihm gedichteten Verse und begleite sie mit Harfenspiel, ohne das je gelernt zu haben, sondern allein aus Liebe, die ja die beste Lehrmeisterin sei, wie Plinius es ausdrückt.

Dann haben wir schließlich einige Briefe, die er direkt an seine Frau gerichtet hat, als diese zu einer Kur in Kampanien weilte. Zum Beispiel bedauert er in einem Brief (epist. 6,4) dass er sie nicht hatte dorthin begleiten können, doch möge sie ihm von dort wenigstens täglich einen oder vielleicht auch zwei Briefe schreiben. Einen seiner kurzen Briefe (epist. 7,5), den er ihr schreibt, möchte ich Ihnen vollständig vorlesen:

Du weißt gar nicht, wie sehr ich mich nach dir sehne! Ein Grund dafür ist, dass ich dich so liebe, ein anderer, dass wir es nicht gewohnt sind, voneinander getrennt zu sein. So kommt es, dass ich in vielen Nächten wach liege, mit deinem Bild vor Augen; so kommt es auch, dass mich meine Füße tagsüber zu den Stunden, in denen ich dich sonst besuche, von selbst in dein Zimmer tragen, um darauf schließlich krank und traurig das leere Zimmer – wie ein von der Tür Gewiesener – wieder zu verlassen. Nur die Zeit, in der ich mich vor Gericht in den Prozessen meiner Freunde aufreibe, ist frei von solchen Qualen. Urteile selbst, was das für ein Leben ist, in dem ich Ruhe nur in der Arbeit finde und in Bedrängnis und Sorgen Trost! Leb wohl!

Die Wertschätzung, die Plinius gegenüber seiner Frau Calpurnia zeigt, kann man auch in anderen seiner Briefe gegenüber anderen Frauen erkennen (z.B. epist. 3,16; 5,14; 5,16). Man wundert sich auch nicht, dass sogar die Vermutung aufkommen konnte, seine Frau habe nach seinem Tod zusammen mit dem Schriftsteller Sueton das 10. Buch seiner Briefe, also die Korrespondenz mit Kaiser Trajan, mitherausgegeben. Auf jeden Fall können wir feststellen, dass die Frau zur Zeit des Plinius, also am Ende des ersten nachchristlichen Jahrhunderts, eine erheblich bessere Stellung einnahm als noch zu Zeiten des Vaters des Philosophen Seneca, der seiner Frau noch – mit Erfolg – verbieten konnte, sich mit Philosophie zu beschäftigen.

Und nun zu den beiden Vesuvbriefen: Sie befinden sich im 6. Buch der Briefsammlung und sind beide an den Historiker Tacitus (55-120) gerichtet; denn der hatte den mit ihm befreundeten Plinius dazu aufgefordert, ihm über den Vesuvausbruch im Jahre 79 zu berichten, den dieser aus nächster Nähe miterlebt und bei dem er seinen Onkel verloren hatte. Der Historiker wollte diesen Augen- bzw. Ohrenzeugenbericht in seinem Geschichtswerk verwerten.

Im ersten der beiden Briefe (epist. 6,16) geht es in erster Linie um die Erlebnisse und den Tod des Onkels, Plinius des Älteren, dessen mutiges Handeln wir in diesem Brief in der Beschreibung seines etwa 18-jährigen Adoptivsohnes quasi miterleben können. Ihm wollte der Neffe und Adoptivsohn damit auch bei der Nachwelt ein Denkmal setzen. Da der Onkel aber bei einem so spektakulären Ereignis ums Leben kam, erfahren wir daraus natürlich auch vieles Wissenswerte über den Vesuvausbruch selbst.

In diesem Brief über den Tod des Onkels erleben wir hautnah, wie intensiv dieser seine Studien betrieb (er hatte nämlich – obwohl er nur 55 Jahre alt geworden ist – sehr viele Werke veröffentlicht, von denen seine 37-bändige *Naturgeschichte* als einziges erhalten ist. Über dieses Werk zu berichten, wäre ein weiteres abendfüllendes Thema).

Zur Zeit des Vesuvausbruchs, am 24./25. August 79, war der Ältere Plinius Flottenkommandant in Misenum. Seine Schwester, die Mutter des Jüngeren Plinius, zeigte ihrem Bruder, der sich nach dem Essen gerade wieder seinen Studien zugewandt hatte, gegen Mittag des 24. August *eine Wolke von ungewöhnlicher Form und Größe.* Er suchte daraufhin sofort einen Platz auf, von dem er das ferne Schauspiel am besten beobachten konnte.

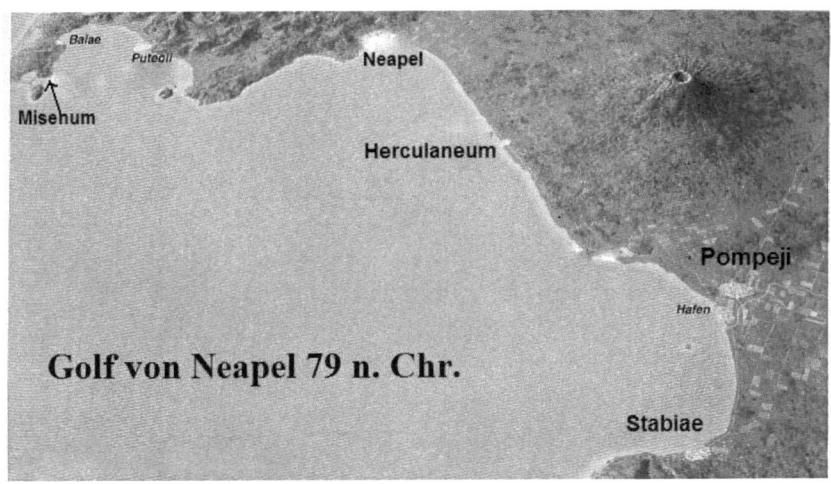

Die Erscheinung muss in etwa einem Atompilz geglichen haben, wie wir heute sagen würden; der Jüngere Plinius vergleicht sie mit der Form einer Pinie, bei der sich ja aus einem hohen Stamm eine ausladende Krone erhebt. Noch konnte man aus der Entfernung nicht ahnen, dass die „Wolke" aus dem Vesuv aufstieg. –

Sein letzter Ausbruch lag damals etwa 1000 Jahre zurück, und der griechische Geograf Strabon (64v.-19n.) hielt ihn am Anfang des ersten nachchristlichen Jahrhunderts für schon erloschen. Der Ältere Plinius selbst hatte in seiner Naturgeschichte die Landschaft Kampanien *als äußerst glückliches Land* (3,40 f.) beschrie-

ben, *in dem sich wegen seiner Fruchtbarkeit und lieblichen Landschaft besonders viele Menschen angesiedelt hatten.* Als feuer-
speienden Berg hebt er nur den Ätna auf Sizilien hervor (3,88).

Die Erscheinung der Wolke, die ihm seine Schwester gezeigt hatte, wollte der Gelehrte näher untersuchen; so lässt er sich
einen Schnellsegler bereitstellen, um sie aus der Nähe betrachten
zu können. (Der Vesuv war etwa 30 km von Misenum entfernt.)
Der 18-jährige Neffe, dem er kurz vorher eine Arbeit aufgetragen
hatte, verzichtet darauf, den Onkel zu begleiten.

Bevor Plinius jedoch losfahren konnte, ereilt ihn der Hilferuf
einer Bekannten, die direkt am Fuß des Vesuvs wohnte: Sie bat
ihn, sie und ihre Familie mit einem Schiff der römischen Flotte zu
retten, zumal für sie auf dem Landwege kein Entkommen mehr
möglich sei.

Der Hilferuf veranlasst den Kommandanten Plinius, statt des
ursprünglich verlangten kleinen Bootes mehrere Vierruderer in
See stechen zu lassen; er selbst besteigt eins der Schiffe, in der
Absicht, vielen Menschen an der dicht besiedelten Küste Hilfe zu
bringen. Er lässt sich mitten in die Gefahr hineinfahren und versäumt es dabei trotzdem nicht, alles, was er beobachtet, einem
Sklaven zu diktieren. Doch schon fallen nicht mehr nur heiße
Asche und Bimssteine auf das Schiff, sondern die angesteuerte
Küste ist – wohl deshalb, weil auch der Meeresboden sich geho-
ben hatte – inzwischen unzugänglich geworden. Der Steuermann
rät voller Angst zur Umkehr; doch Plinius gibt nicht auf: Zwar
kann er nicht mehr dorthin fahren, woher der Hilferuf gekommen
ist, aber er lässt nun einen Platz ansteuern, der von der Gefahr
weiter entfernt ist, nämlich Stabiae. Dort lebt ein mit ihm be-
freundeter Flottenoffizier, dem er nun Hilfe bringen will. Dort angekommen, sieht er, dass der Freund inzwischen seinerseits sein
Gepäck auf Schiffe hatte verladen lassen, um vor dem Ausbruch
zu fliehen. Doch es herrscht ein so starker Gegenwind – derselbe
Wind, der ihm als Rückenwind eine schnelle Landung ermöglicht
hatte –, dass eine Flucht unmöglich ist. Plinius lässt sich nun vom

Freund in dessen Haus führen; er tröstet die Familie durch die eigene unglaubliche Ruhe, die er ausstrahlt: Man isst zusammen, nachdem er vorher ein Bad genommen hat. Inzwischen ist es Nacht geworden, und die Flammenerscheinungen kontrastieren noch mehr mit der Dunkelheit. Plinius erfindet allerlei Geschichten, um die Freunde zu beruhigen. Er lässt sich sogar ein Nachtlager anweisen und schläft dort ganz fest, wie die vor dem Schlafzimmer Ausharrenden an seinem Schnarchen hören können. Doch allmählich füllt sich der Innenhof, an den das Schlafzimmer grenzt, mit Asche und Bimssteinen, so dass man Plinius wecken muss, damit er noch rechtzeitig das Zimmer verlassen kann. Da inzwischen heftige Erdstöße die Häuser erschüttern und sie direkt aus den Angeln zu heben drohen, beschließt man nach vielem Hin und Her, nach draußen zu gehen. Dazu schützt man sich durch Kopfkissen, die man mit Laken auf dem Kopf befestigt hatte. Und obwohl anderwärts schon der Morgen des 25. August heraufgedämmert war, ist es in Stabiae noch Nacht. Man beschließt, zum nahe gelegenen Meer zu gehen, um nachzusehen, ob eine Flucht inzwischen möglich wäre. Das ist noch immer nicht der Fall.

Plinius legt sich am Strand auf ein ausgebreitetes Laken und lässt sich etwas zu trinken reichen. Doch die Flammen – und vorher der Schwefelgeruch – kommen immer näher: Alle fliehen. Auch Plinius erhebt sich, auf zwei Sklaven gestützt. Doch gleich darauf bricht er zusammen. Schon immer war er asthmatisch gewesen; doch der dichte Qualm tat nun ein Übriges: Er stirbt, während die anderen die Flucht ergreifen. Sein Leichnam wird zwei Tage später gefunden, *einem Schlafenden ähnlicher als einem Toten*, wie der Jüngere Plinius schreibt.

Dieser erste Brief endet mit der Bemerkung (epist. 6,16,22): *Ich habe alles berichtet, was ich selbst erlebt und was ich gleich zu Anfang erfahren habe, wo man die wirklichen Ereignisse ja noch sehr wahrheitsgetreu erzählt...* Damit wird die Authentizität des Berichts noch einmal unterstrichen.

Zu unserem Glück hat der Historiker Tacitus von seinem Freund aber auch noch hören wollen, was dieser und seine Mutter inzwischen in Misenum selbst erlebt hatten. So ist auch der zweite Vesuvbrief auf uns gekommen:

Mutter und Sohn waren ja in Misenum zurückgeblieben. Der Jüngere Plinius saß weiter an der Arbeit, derentwegen er seinen Onkel nicht begleitet hatte. Er nahm – wie üblich – ein Bad, aß zu Abend und ging schlafen. Er schlief aber unruhig und nur kurz: Schon viele Tage vorher hatte die Erde gebebt, was man aber in Kampanien gewohnt war und deshalb nicht so ernst nahm. In dieser Nacht (24./25.8.) aber wurde das Erdbeben so stark, dass beide – Mutter und Sohn – aufstanden, um den jeweils anderen zu wecken. Sie setzten sich gemeinsam in den Innenhof, der nur durch das Gebäude vom Meer getrennt war. Auch hier noch setzt der junge Mann seine ihm aufgetragene Lektüre fort und lässt sich auch nicht aus der Ruhe bringen, als ein Freund des Onkels aufgeregt hereinplatzt und den beiden wegen ihrer Unbekümmertheit Vorwürfe macht. Inzwischen war der neue Tag – also der 25. August – angebrochen; es wurde aber nicht richtig hell. Mutter und Sohn hatten nun doch Angst bekommen, dass das Haus einstürzen könnte, und beschlossen, die schützenden Mauern zu verlassen. Sie geraten in eine gewaltige Menschenmenge auf der Flucht, die sich nur langsam und unentschlossen vorwärts schiebt. Unterwegs sehen sie merkwürdige Dinge: Wagen, die man mit sich nehmen wollte, hielten nicht die Spur und blieben selbst dann nicht stehen, wenn man die Räder durch Steine blockierte. Das Meer war zurückgewichen, so dass man viele Meerestiere auf dem trockenen Sand liegen sah. Auf der Landseite näherte sich eine schwarze Wolke, die immer wieder durch lange Feuergarben zerrissen wurde. Der Freund des Onkels, der den beiden offensichtlich bis dahin gefolgt war, beschwört sie, nun endlich vor der Gefahr zu fliehen; das sei, wie er sagte, auf jeden Fall auch im Sinne des abwesenden Bruders und Onkels. Als er mit seinen Worten nicht gleich Gehör findet, eilt er allein davon.

Nun hatte sich die schwarze Wolke auf die Erde gesenkt und nahm jede Sicht. Die Mutter fordert ihren Sohn auf, allein weiter zu fliehen; sie wolle ihn durch ihre Langsamkeit nicht behindern. Plinius nimmt sie jedoch bei der Hand und zwingt sie so, schneller zu gehen. Nun fällt Asche vom Himmel, gefolgt von dichtem Qualm. Um nicht von den Menschenmassen niedergetreten zu werden, biegen sie vom Weg ab und lassen sich irgendwo nieder; denn es ist inzwischen, obwohl Tag, stockdunkel geworden: Von allen Seiten hört man Schreien, Rufen, Jammern und Beten; schlimme Gerüchte verbreiten sich: Dieses und jenes sei eingestürzt. Nacht und Tag wechseln nun ab. Immer wieder müssen sie aufstehen, um die Asche von sich zu schütteln, die sie sonst zu erdrücken drohte. Plinius saß klaglos da und hatte als einzigen Trost – ich zitiere wörtlich (epist. 6, 20, 17) –, *ich ginge zugleich mit allem und alles mit mir zugrunde, ein kümmerlicher, aber doch im Tode auch großer Trost für uns Menschen.*

Doch dann wurde es wieder Tag; sogar die Sonne kam etwas hervor, und man sah, dass die ganze Umgebung hoch mit Asche – wie von Schnee – bedeckt war. Sie kehrten in ihr Haus in Misenum zurück, immer noch voller Angst; denn das Erdbeben dauerte an. Doch wegzugehen kam für sie nicht in Frage, bevor sie Nachricht von Bruder und Onkel hätten... Wie diese Nachricht dann nach zwei Tagen lautete, haben wir aus dem ersten Brief erfahren.

So schrecklich auch die Erlebnisse des Jüngeren Plinius, wie er sie im zweiten Brief beschreibt, gewesen sein müssen: Er ist doch mit dem Leben davongekommen und konnte sogar wieder in sein unbeschädigt gebliebenes Haus zurückkehren, weil Kap Misenum nicht unmittelbar von diesem schweren Ausbruch betroffen war. Anders war es jedoch den Einwohnern von Pompeji, Herculaneum und Stabiae sowie den Bewohnern der zahlreichen römischen Villen, die am Fuße des Berges lagen, ergangen.

Ihre Wohnorte wurden völlig verschüttet. Und doch brach die Katastrophe in ganz verschiedener Weise über sie herein:

Die meisten Todesopfer waren in Pompeji zu beklagen – von seinen 12- bis 15000 Einwohnern (eine Stadt also von der Größe Quakenbrücks!) sollen ca. 3000 den Tod gefunden haben; denn die Stadt war innerhalb weniger Stunden unter einer vier bis sechs Meter hohen Ablagerungsdecke aus Asche und Bimsstein verschüttet worden. Viele waren bei dem Versuch, kostbares Eigentum zu retten, überrascht worden. Andere hatten in massiven Kellergewölben Schutz gesucht – wohl deshalb, weil sie in den letzten Zeiten an starke Erdbeben gewöhnt waren. – So befand sich die Stadt nach einem schweren Erdbeben im Jahre 62 noch immer in der Wiederaufbauphase. Von alldem erzählen uns die ausgegrabenen Funde.

Anders sah es in der ca. 5000 Einwohner zählenden Stadt Herculaneum aus: Sie wurde zunächst vor dem Ascheregen bewahrt, so dass sich die Bewohner fast alle retten konnten, bevor dann reißende Schlammströme – von Gewitterregen gelöstes Auswurfmaterial – und Glutlawinen über die Stadt hereinbrachen. So kam es, dass Herculaneum unter einer 12 bis 25 Meter hohen Schicht aus Vulkanschlamm verschwand.

Da Stabiae – wie wir ja auch aus dem Pliniusbericht entnehmen können – erst einen Tag später von der Katastrophe ereilt wurde, konnten sich auch dort die Bewohner fast alle retten.

Auf Grund der unterschiedlichen Art und Weise der Verschüttung unterscheiden sich auch die späteren Ausgrabungsmethoden. – Doch zunächst einmal gerieten die versunkenen Städte in völlige Vergessenheit, wie es schon der Dichter Statius († 96) kurz nach der Katastrophe befürchtet hatte. Er bezweifelte nämlich (silv.4,4,82 ff.), dass künftige Generationen je davon erfahren würden, dass unter der zu seiner Zeit schon wieder üppigen Vegetation einmal Menschen gelebt hatten.

Zunächst hatten in Pompeji noch Einwohner, denen die Flucht gelungen war, versucht, an Teile ihrer Habe heranzukommen, was wegen der relativ leicht wegzubewegenden Asche- und Steinschicht hier auch zum Teil möglich war. Kaiser Titus (79-81), in dessen Amtszeit der Ausbruch gewesen war, ließ sogar in einem Hilfsprogramm systematisch nach Überresten graben, die dann für den Bau neuer Häuser Verwendung fanden. Das war in Herculaneum auf Grund der hohen und sehr harten Schicht nicht möglich. So entstand neues Leben auf den verschütteten Flächen, und nur ab und an fand ein Bauer beim Pflügen diese oder jene Scherbe, die an das Versunkene hätte erinnern können.

So wurde z.B. Ende des 16. Jahrhunderts eine Tonscherbe mit der Aufschrift *Pompeji* gefunden. Das hielt man allerdings für eine Form des Namens von Pompejus, dem römischen Politiker aus dem 1. Jahrhundert vor Christus, und beachtete es nicht weiter. Doch im Jahre 1709 stieß man bei Ausschachtungsarbeiten für einen Brunnen geradewegs auf das Theater von Herculaneum, das man auch gleich als ein Theater erkennen konnte, weil es noch reichlich mit Skulpturen geschmückt war. Sie waren zwar zum Teil umgefallen und ihre Teile über die ganze Fläche verstreut, doch sonst gut erhalten.

Leider wurde der Grabungsort noch 40 Jahre lang durch Raubgräber ausgeplündert, bis die ersten gezielten Grabungen erfolgten. Man barg die Funde über Gräben und Schächte; die Arbeiten glichen also denen in einem Bergwerk. Sie waren aber noch planlos und dilettantisch. Aber auch da gab es noch zahllose Raubgrabungen. Das ist besonders bedauerlich; denn in Herculaneum war ja wirklich alles so bestehen geblieben, wie seine Bewohner es verlassen hatten. Hinzu kam, dass hier sogar nicht so beständige Werkstoffe, wie z.B. Holz, Textilien und Nahrungsmittelreste, nicht wie in den anderen Städten verbrannt, sondern durch den Vulkanschlamm gut konserviert worden waren.

Erst zur Zeit Winckelmanns (1717-1768), dem Begründer der wissenschaftlichen Archäologie, begannen systematische Ausgrabungen, bei denen man auf besonders wertvolle Funde stieß: So wurde z.B. eine gut erhaltene Bibliothek ausgegraben, die neben wertvollen Bronze- und Marmorskulpturen gut erhaltene Papyri enthielt. Große Teile liegen aber heute noch immer unter der Erde, weil Herculaneum später dicht überbaut worden war. Denn über den Trümmern hatte sich die moderne Stadt Resina angesiedelt.

Auch von Pompeji sind noch längst nicht alle Teile freigelegt worden. Dort gibt es allerdings nicht ganz so spektakuläre Funde wie in Herculaneum; die Überreste der Stadt waren schon – wie gesagt – früh geplündert worden, und vieles, was sich in Herculaneum unter der Schlammschicht gut erhalten hatte, war in Pompeji verbrannt. Hier konnte man jedoch den Todeskampf der Opfer deutlich nachvollziehen: Denn viele der Toten wurden so aufgefunden, wie sie vom tödlichen Schlag getroffen worden waren: So fand man Menschen, die unter der Last der Wertsachen, die sie hatten noch retten wollen, zusammengebrochen waren; in einem Kryptoportikus fand man eine Familie, die vom Hausherren mit Nahrung und Goldstücken versorgt worden war. Er selbst und ein Sklave waren – mit dem Schlüssel in der Hand – auf die Ausgangstür zugegangen, wo sie tot auf die Aschenschicht fielen. In einem anderen Haus hatte man den Hund vergessen, der im Atrium mit einer Kette angebunden war. Er hatte den Aschenberg erklommen, soweit es die Kette zuließ, und dort den letzten Atemzug getan.

All das sind schreckliche und Mitleid erregende Schicksale. Und doch müssen wir heute sagen, dass das Opfer der damals ums Leben Gekommenen für uns einen Glücksfall darstellt: Nirgends sonst ist es möglich, das pulsierende Leben antiker Städte so gut nachzuvollziehen wie bei diesen Städten.

Ohne den Vesuvausbruch wären sie für uns heute unbedeutende, vielleicht vergessene Provinzstädte in Italien; doch die verheerende Katastrophe hat sie konserviert, und ihre späten Ausgrabungen haben sie weltweit bekannt gemacht.

Und ich glaube, dass in diesem Fall das Zeugnis des Zeitgenossen Plinius viel zum Lebendigwerden dessen beiträgt, was erst viele Jahrhunderte später durch Ausgrabungen zu Tage gebracht worden ist.

So denke ich, dass die Beschäftigung mit dem Römer Plinius sehr wohl ein Thema für ein Museum ist.

Vielleicht sind ja auch Sie durch diesen Vortrag dazu angeregt worden, sich mit Hilfe einer der zahlreichen Veröffentlichungen (Ausstellungskataloge, Romane, Filme, Internet etc.) über dieses Thema weiter zu informieren oder gar die Briefe des Plinius, die es auch in Übersetzungen gibt, selbst einmal in die Hand zu nehmen.

Literatur

Seneca:

Lucius Annaeus Seneca, *Ad Helviam matrem de consolatione*, Trostschrift an die Mutter Helvia. Lateinisch/Deutsch. Übersetzt und herausgegeben von Franz Loretto, Stuttgart 2001

Lucius Annaeus Seneca, Dialoge, übersetzt mit Einleitung und Anmerkungen versehen von Otto Apelt, Hamburg 1993

Gregor Maurach, Seneca, Leben und Werk, Darmstadt 1991

Plinius:

C. Plinius Secundus, *Epistulae*, Briefe (1. – 9. Buch), übersetzt und herausgegeben von Heribert Philips, Stuttgart 1996 – 2006

Marion Giebel, Treffpunkt Tusculum. Literarischer Reiseführer durch das römische Italien, Stuttgart 1995

Pompeji, Leben und Kunst in den Vesuvstädten, Katalog zur Ausstellung in der Villa Hügel, Essen 1973

Hans-Joachim Glücklich, Pompeji lebt, 2000 Jahre Texte, Bilder, Opern und Filme, Göttingen 2008

Weltall, Erde und Mensch bei Plinius dem Älteren

Von dem Mann, der heute im Mittelpunkt unserer Aufmerksamkeit stehen soll, Plinius dem Älteren, haben einige von Ihnen schon voriges Jahr in meinem Referat über den Jüngeren Plinius gehört. Dieser hatte in einem seiner beiden Vesuvbriefe berichtet, wie sein Onkel und Adoptivvater beim Vesuvausbruch im Jahre 79 den Tod gefunden hatte, nachdem er in mutigem Einsatz andere vor der Katastrophe hatte retten wollen.

Im Mittelpunkt soll heute aber nicht nur die Person des Älteren Plinius selbst stehen, sondern auch sein Hauptwerk, das als einziges von seinen zahlreichen Werken auf uns gekommen ist, seine 37-bändige *Naturalis Historia,* eine naturkundliche Enzyklopädie. Plinius hatte sie zwar schon im Jahr 77 offiziell zum Abschluss gebracht – das wissen wir aus seiner Widmung an den Kaiser Titus –, doch scheint er – wie wir aus dem genannten Bericht seines Neffen erfahren – bis zu seinem Lebensende daran weiter gearbeitet zu haben.

Zunächst aber zum Leben Plinius des Älteren: Er wurde in Comum, dem heutigen Como, im Jahre 23 oder 24 nach Christus geboren. (Wie solch eine ungenaue Angabe zustande kommt, kann man an diesem Fall besonders deutlich zeigen: In dem schon erwähnten Vesuvbrief lässt uns der Neffe das genaue Todesdatum, nämlich den 25. August 79, wissen. In einem anderen Brief an seinen Freund schreibt er, dass sein Onkel bei seinem Tode im 56. Lebensjahr gestanden habe. So weiß man also nicht genau, ob er Ende 23 oder in der ersten Hälfte des Jahres 24 geboren ist.)

Das Römerreich von Augustus bis Trajan

Plinius stammte – wie einst auch Seneca – aus dem römischen Ritterstand und bekam die übliche juristische und rhetorische Ausbildung in Rom. Seinen Militärdienst (47-52) leistete er zum großen Teil in Germanien. Davon wissen wir nicht nur aus einem Brief seines Neffen, sondern auch auf Grund eines archäologischen Fundstückes, das man in der Nähe der Stadt Xanten (*Vetera Castra*) entdeckt hat. Es handelt sich dabei um eine so genannte Phalera, ursprünglich ein Metallbeschlag an Helm oder Pferdegeschirr eines Soldaten; später – seit ungefähr 200 v. Chr. – wurden aber auch runde verzierte Metallplatten so genannt, die verdiente Soldaten als Orden auf der Brust trugen. In unserem Fall trug das Fundstück die Inschrift „Plinius, Reiteroberst". Das zeigt uns, dass Plinius damals auch bis in den Norden Germaniens vorgedrungen ist.

Phalera aus der Nähe von Xanten (Vetera Castra)

Das meiste aus seinem Leben erfahren wir aber vom Jüngeren Plinius, der nicht nur in seinem Vesuvbrief über den Tod des Onkels berichtet hatte, sondern auf Bitten eines Freundes auch nach dessen Tod alle seine Werke in chronologischer Reihenfolge aufgezählt und obendrein seinen normalen Tageslauf beschrieben hat, wohl um klarzumachen, dass der Onkel so viele wissenschaftliche Werke nur schaffen konnte, weil sein Leben von eiserner Disziplin beherrscht war.

Während seiner Zeit in Germanien schrieb er ein Buch mit dem Titel *Das Speerwerfen vom Pferd aus.* Es basierte wahrscheinlich auf seinen Erfahrungen, die er dort bei der Führung einer Reiterabteilung gemacht hatte. Es folgte eine Biographie seines dortigen Feldherrn und Freundes Pomponius Secundus, der zu seiner Zeit auch ein erfolgreicher Tragödiendichter war, in zwei Bänden. Außerdem soll er noch während des Feldlagers ein zwanzigbändiges Werk *Über die Kriege mit den Germanen* begonnen haben. Auch dieses Werk ist verlorengegangen. Wir wissen aber, dass es dem römischen Geschichtsschreiber Tacitus für seine „Germania" als Quelle gedient hat.

Während der Regierungszeit Neros (54-68) versah Plinius keine Ämter und befasste sich als Schriftsteller nur mit unverfänglichen Themen, um nicht mit dem Kaiser politisch in Konflikt zu geraten: Er schrieb damals einen sechsbändigen Rhetoriklehrgang

für Studenten und ein acht Bände umfassendes sprachwissen-
schaftliches Werk, aus dem noch ca. 100 Fragmente auf uns gekommen sind. Das ist ein Zeichen dafür, dass es auch später noch
reichlich benutzt wurde. Sonst ist aber von all diesen Werken außer Fragmenten nichts erhalten geblieben, auch nicht von einem
weiteren 31-bändigen Geschichtswerk (*A fine Aufidi Bassi*), das
er später noch schrieb.

Unter Kaiser Vespasian (69-79), der nach Neros Tod wieder
Ordnung in Reich und Heer brachte, bekleidete Plinius mehrere
Verwaltungsämter. Dabei war er auch mehrere Male innerhalb des
riesigen römischen Reichs in fremden Ländern tätig, so z.B. in
Spanien, in Syrien, in Gallien (in der heutigen Provence und in
Belgien) und in Afrika. Als Adjutant des Präfekten von Ägypten,
der auch das in Judäa stehende Heer befehligte, nahm er am Jüdischen Krieg (70/71) teil und lernte dort den späteren Kaiser Titus
kennen.

In Rom hatte er ein besonders vertrautes Verhältnis zu Kaiser Vespasian. Sein letzter Posten war der Oberbefehl über die
kaiserliche Flotte im westlichen Mittelmeer am Kap Misenum
(77-79). In Ausübung dieses Amtes verlor er ja dann, wie gesagt,
am 25. August 79 während des Vesuvausbruchs sein Leben. Zwei
Jahre vor seinem Tode (77) hatte er seine große naturkundliche
Enzyklopädie in 37 Büchern fertiggestellt.

Wie er diese große Lebensleistung hat schaffen können,
wollen wir uns nun mit Hilfe des schon erwähnten Briefes seines
Neffen klarmachen. Hören wir, wie wir uns seinen Tagesablauf
vorstellen müssen (Plin. epist.3,5,9 ff.):

*Vor Tagesanbruch ging er zu Kaiser Vespasian – denn auch
der war ein Nachtarbeiter –, von dort zu dem ihm aufgetragenen
Amt. Dann kehrte er nach Hause zurück und widmete die übrige
Zeit seinen Studien.*

*Nach dem Essen – er aß nach der Sitte der Vorfahren
mehrmals am Tage eine leichte, bekömmliche Kost – legte er sich*

im Sommer, wenn er einen Augenblick Zeit hatte, in die Sonne, ließ sich etwas vorlesen und machte sich Notizen und Exzerpte. Denn er las nichts, ohne sich Auszüge zu machen; er sagte nämlich immer, dass kein Buch so schlecht sei, dass es nicht irgendwie nützen könnte.

Nach dem Sonnen badete er meistens kalt, nahm dann einen Imbiss und schlief etwas. Bald studierte er wieder, als hätte ein neuer Tag begonnen, bis es Zeit zur Hauptmahlzeit wurde. Während der Mahlzeit ließ er ein Buch vorlesen und Notizen machen.

Ich entsinne mich noch, wie einer seiner Freunde den Vorleser unterbrach, als dieser eine Stelle schlecht vorgetragen hatte, und verlangte, sie zu wiederholen, und wie mein Onkel zu ihm sagte: „Du hattest es doch verstanden, nicht wahr?" und als er nickte: „Warum unterbrichst du ihn dann? Mehr als zehn Zeilen haben wir durch diese Störung verloren."

So sparsam ging er mit der Zeit um! Im Sommer stand er noch bei Tage vom Tisch auf, im Winter im Laufe der ersten Nachtstunde, als stünde er unter dem Zwang eines Gesetzes. So hielt er es inmitten seiner anderen Tätigkeiten und des Lärms der Stadt. Während seines Landaufenthaltes war nur die Zeit des Bades von den Studien ausgenommen. Und wenn ich sage „Zeit des Bades", meine ich nur das eigentliche Bad; denn beim Frottieren und Abtrocknen ließ er sich vorlesen oder er diktierte.

Auf Reisen widmete er sich – denn da war er aller anderen Sorgen ledig – allein dieser Tätigkeit. Ihm zur Seite stand mit Buch und Schreibtafel ein Stenograph, dessen Hände im Winter durch Handschuhe geschützt waren, damit die raue Witterung ihm – Plinius – keine Zeit für seine literarischen Arbeiten nehmen konnte; deshalb ließ der Onkel sich auch in Rom in einer Sänfte tragen. Ich muss noch daran denken, wie er mich zur Rede stellte und fragte, warum ich zu Fuß ginge. „Du hättest diese Stunden nicht zu verlieren brauchen." Er hielt nämlich jeden Augenblick für verloren, der nicht auf die Studien verwandt wurde.

Am Ende dieses Briefes macht der Jüngere Plinius noch eine für uns wichtige Bemerkung: Er spricht nämlich davon, dass sein Onkel ihm 160 *Volumina,* also Buchrollen, mit Auszügen hinterlassen habe, die sogar auf der Rückseite mit äußerst kleinen Buchstaben beschrieben gewesen seien.

Das soll für mich das Stichwort sein für einen kurzen Seitenblick auf das antike Buch. Die Naturkunde des Älteren Plinius ist mit ihren 37 Bänden das umfangreichste Buch, das aus der Antike auf uns gekommen ist. Ich will also kurz auf das Äußere eines solchen Werkes eingehen, bevor ich Ihnen dann über seinen Inhalt berichte:

Papyruspflanzen

Über die in der Antike als Beschreibstoff benutzte Papyruspflanze erfahren wir durch Plinius selbst einiges (nat.13,74-82). Papyrus wuchs zu seiner Zeit in Ägypten und auf Sizilien. Das Mark der Stängel dieser schilfartigen Pflanze wurde – in der Länge des Stängels – in feine Streifen geschnitten; diese wurden in zwei Schichten übereinander gelegt, wobei unten die Schicht mit dem senkrechten Faserverlauf und oben die mit dem waagerechten Verlauf zu liegen kam. Diese obere Schicht war die zu beschreibende Seite. Beide Schichten wurden einige Male mit Steinen oder Hämmern fest aufeinander geklopft. Der klebrige Pflanzensaft sorgte für festen Halt. – In manchen Fällen kam trotzdem noch ein Leim zum Einsatz, dessen Herstellung uns Plinius auch genau beschreibt. (13,82). – Es bedurfte mehrerer Arbeitsgänge (z.B. mehrfaches Trocknen und Glätten), bis man auf solche Weise ein beschreibbares Blatt hergestellt hatte. Für längere Texte wurden mehrere solcher Blätter an der Breitseite aneinander geklebt. Die durchschnittliche Fläche betrug 25-30 cm in der Höhe (also etwa wie die eines DIN-A-4-Blattes) und 6-10 m in der Breite. An das Ende der so entstandenen Fläche wurde ein dünner Stab aus Holz oder Elfenbein geklebt, um den man sie zur Rolle wickelte.

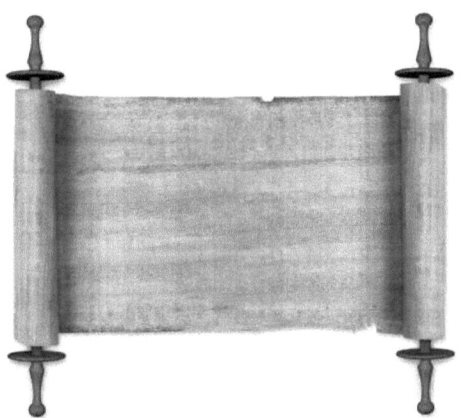

Schriftrolle

Der Text, der in Kolumnen geschrieben wurde, wie wir das ja heute noch von unseren Zeitungen kennen, wurde unter Auf- und Abrollen des Ganzen gelesen. („Rollen" heißt auf Lateinisch *volvere*. Das Wort *volumen* ist davon abgeleitet und deutet darauf hin, dass es sich dabei um etwas zu Rollendes handelt.) Für die Breite der Kolumne legte man als Maß die durchschnittliche Länge eines Hexameters – des meistgebrauchten Versmaßes – zu-

48

grunde, etwa 35 Buchstaben. An den oberen Rand der Rolle wurde ein Etikett aus Pergament geklebt, auf dem man den Titel des Werks lesen konnte, ohne sie erst umständlich aufrollen zu müssen.

In der Regel wurde nur die Innenseite der Rolle beschrieben; denn beim Beschreiben der Außenseite störte der senkrechte Verlauf der Pflanzenfasern. So war es also eine Ausnahme, wenn der Ältere Plinius seine Papyrusrollen auch außen dicht beschrieb. Das geschah sicher aus Gründen der Raumersparnis; denn Papyrus war sehr teuer. Das können wir uns nun, wo wir von seiner aufwendigen Herstellung erfahren haben, gut vorstellen. Außerdem war der Vorrat begrenzt und die Nachfrage riesengroß, was die Ägypter wohl auch dazu brachte, die Ausfuhr zu drosseln; denn der Papyrushandel war ägyptisches Staatsmonopol.

Aus diesem Grund wurde wohl auch im Osten des großen römischen Reiches die Herstellung von Pergament (benannt nach der kleinasiatischen Stadt Pergamon) forciert, das aus Tierfellen hergestellt wurde, aber erst in späteren Jahrhunderten den Papyrus völlig verdrängte. Seinen Durchbruch erfuhr das Pergament aber erst mit dem Aufkommen des Christentums; denn es wurde zunächst in erster Linie für religiöse und juristische Schriften gebraucht, für die es sich deshalb geeigneter erwies, weil man Pergament nicht mehr in Rollenform, sondern in Kodexform verwandte, d.h. einer Form, bei der mehrere Pergamentblätter zwischen zwei Holzdeckel (*codex* = Holzscheit) gebracht wurden und die dem heutigen Buch schon recht nahe kommt.

Allerdings wurde es schon zu Zeiten des Plinius in geringerem Maße benutzt: Vom Pergamentetikett an der Papyrusrolle hatten wir schon gehört; man verwandte es auch gern in Kodexform als eine Art Notizblock (Die Nachricht, die der Ältere Plinius vor seinem Auslaufen mit den Schiffen zum Vesuv von einer Bekannten bekommen hatte, die am Fuß des Berges wohnte, wird im Vesuvbrief des Jüngeren Plinius als *codicillus*, also kleiner Kodex bezeichnet.). Vom Dichter Martial (40-120) wissen wir sogar, dass er seine Epigramme in einem kleinen Pergamentkodex verbreitete, unter dem wir uns eine Art Taschenbuch vorstellen müssen (ep.1,2).

Schriften heidnischen Inhalts wurden zunächst aber weiter auf Papyrusrollen publiziert. So auch die *Naturalis Historia* des Älteren Plinius, in die wir jetzt gemeinsam hineinschauen wollen:

Es handelt sich bei diesem Werk um eine Zusammenfassung des gesamten naturwissenschaftlichen und kulturkundlichen Wissens, über das man im ersten nachchristlichen Jahrhundert verfügte. Eine solch gigantische Aufgabe hatte vor Plinius noch nie jemand unternommen, weder bei den Griechen noch bei den Römern.

Das Werk hatte Plinius vor seinem Dienstantritt als Flottenkommandant am Kap Misenum dem späteren Kaiser Titus gewidmet, den er bereits im Jüdischen Krieg (70/71) quasi als Zeltgenossen kennengelernt hatte. Dass er aber praktisch immer noch weiter daran arbeitete, können wir daraus ersehen, dass er auch während des Vesuvausbruchs im Jahre 79 noch eifrig Notizen dafür machte. So muss man wohl auch in den 160 vom Jüngeren Plinius erwähnten Buchrollen das „Handexemplar" seines Onkels sehen, in das er offensichtlich noch bis zu seinem frühen Tode alle neuen Erkenntnisse schrieb.

Gleich im 1. Buch, das dem eigentlichen Werk nur vorausgeschickt ist, kann man einiges Neue entdecken: Es besteht aus der Widmung an den Sohn und Mitregenten des Kaisers Vespasian, Titus, und einem Inhaltsverzeichnis für die folgenden 36 Bände. Dieses Inhaltsverzeichnis sollte – wie Plinius selbst sagt – ein Service für den stark mit politischen Geschäften in Anspruch genommenen Widmungsempfänger sein. So könne er das von ihm Gesuchte besser auffinden, ohne alles durchlesen zu müssen.

Eine weitere Neuerung besteht in der Angabe aller im jeweiligen Band benutzter Quellen, in erster Linie griechischer und römischer Autoren. Die Namen vieler dieser Autoren – leider nennt Plinius nicht auch die Titel ihrer Werke – wären uns heute ohne seine Nennung unbekannt geblieben.

Plinius begründet das Aufführen seiner Quellen damit, dass es nicht mehr als recht und billig sei, offenkundig zu machen, wem er sein Wissen verdanke. Gleichzeitig verurteilt er diejenigen seiner Schriftstellerkollegen, die zum Teil besonders originell erscheinen wollten, aber alles wortwörtlich von nicht genannten Vorgängern abgeschrieben hätten. Er hatte also schon ein Gefühl für das, was wir heute Plagiat nennen.

(Anders noch bei Seneca: Vielleicht erinnert sich ja der eine oder andere von Ihnen an mein Seneca-Referat. Dort hatte ich berichtet, dass auch Seneca zwar zugab – wie alle anderen zu seiner Zeit –, aus anderen Quellen geschöpft zu haben, diese Quellen aber nicht *expressis verbis* anführte; denn er war, wie allgemein üblich, besonders stolz darauf, aus Vorgegebenem selbst etwas Neues geschaffen zu haben.)

Bis ins Mittelalter hinein hat man das Werk des Plinius als Lehrbuch betrachtet. Das war insofern gut, als es auf diese Weise nahezu unversehrt auf uns gekommen ist. Andererseits war damit verbunden, dass man das Werk als bloßes Sammelsurium aus Exzerpten ansah, das jeden Konzepts entbehrte. Dass das nicht so ist, will ich Ihnen im Folgenden zeigen, indem ich zunächst einen groben Überblick über das Ganze gebe:

Buch 1	Widmung, Inhaltsverzeichnis, Quellenangaben
Buch 2	Kosmologie
Buch 3-6	Geographie
Buch 7	Anthropologie
Buch 8-11	Zoologie
	8: Landtiere
	9: Wassertiere
	10: Vögel
	11: Insekten

Schon dieser Gliederung kann man entnehmen, dass das plinianische Werk nicht aus einem bunten Durcheinander von fremden und eigenen Einzelbeobachtungen besteht: Man sieht, dass Plinius mit dem Umfassendsten, dem Kosmos, beginnt, dann mit der Behandlung der Geographie quasi auf die Erde hinabsteigt, um zu dem überzugehen, was es auf und in dieser Erde zu entdecken gibt.

Auch dafür gibt es wieder eine Art Rangfolge: Als Erstes geht es um den Menschen und dann – absteigend – zu Tieren, Pflanzen und Gestein. Auch innerhalb dieser Bereiche gibt es wiederum eine Abstufung vom Großen zum Kleinen. So beginnt Plinius z.B. bei der Beschreibung der Tierwelt mit dem Elefanten und bei den Pflanzen mit den Bäumen.

Natürlich ist es unmöglich, Ihnen einen Einblick in alle Details dieses gewaltigen Werkes zu geben, und es wäre vermessen, das auch nur anzustreben. Ich will mich deshalb auf drei Fragen beschränken:

Erstens: Welches Bild vermittelt uns Plinius vom allumfassenden Kosmos?

Zweitens: Welche geographischen Kenntnisse waren in seiner Zeit vorhanden?

Und schließlich drittens: Wie sah man den Menschen und sein Wirken innerhalb der Schöpfung?

Beginnen wir mit der Kosmologie:

Den Kosmos stellte man sich als große Hohlkugel vor, deren äußere Schale, der Himmel, sich von Ost nach West um die in der Mitte ruhende Erdkugel bewegte. Am Himmel waren unzählige Sterne befestigt (daher die bis auf uns gekommene Bezeichnung „Fixsterne", von *fixus*: befestigt). Sie waren von feuriger Konsistenz, die dem Göttlichen eigen ist.

Unterhalb dieser äußeren Sternen-Hülle bewegen sich sieben Planeten (dt. „Wandelsterne") in umgekehrter Richtung, also von West nach Ost. Sie „wandeln", bewegen sich in unterschiedlicher Höhe. Dadurch sind wiederum unterschiedlich große Umlaufbahnen bedingt. Der äußerste Planet mit der größten Umlaufbahn ist Saturn, gefolgt von Jupiter und Mars, dem wiederum als mittlerer Planet die Sonne folgt; – denn anders als heute galten in diesem Weltmodell auch Sonne und Mond als Planeten.

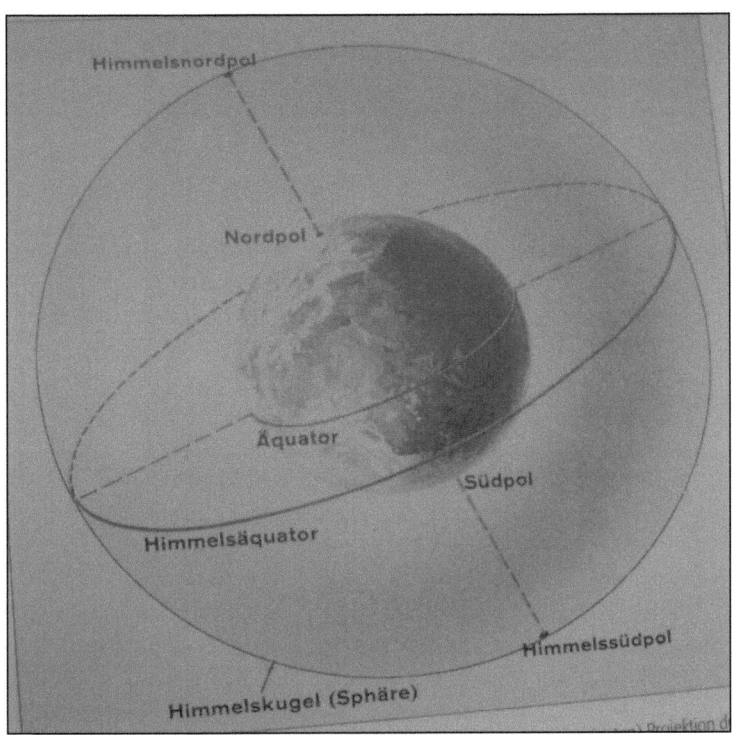

Himmelskugel

Auf die Sonne folgt dann Venus, darauf Merkur und – der Erde am nächsten – der Mond.

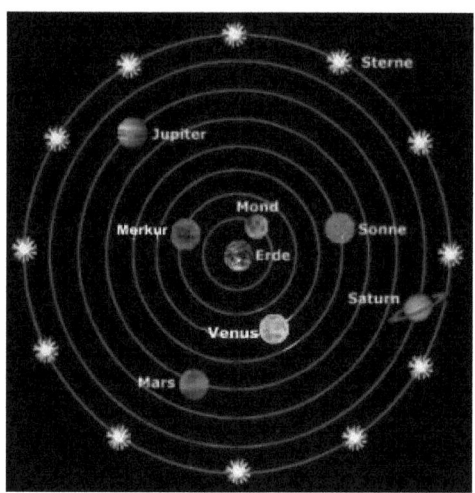

Das geozentrische Weltsystem

Im geometrischen Mittelpunkt des gesamten Systems befindet sich also – als einziger Körper unbewegt – die Erde. –

Vielleicht werden Sie sich jetzt darüber wundern, dass schon in diesem antiken Weltbild die Erde als Kugel angesehen wird. Doch das ist eine sehr alte Vorstellung, die schon auf den griechischen Mathematiker und Philosophen Pythagoras (6.Jh.v.Chr.) zurückgeht. Dieser sprach allerdings nicht aufgrund naturwissenschaftlicher Erkenntnis von der Kugelgestalt der Erde, sondern weil die Kugel schlechthin als der vollendete Körper galt, der am ehesten dem Göttlichen zukam; denn der Kosmos – und die Erde ist ja ein Teil von ihm – wurde bei den Alten als göttliches Wesen angesehen. Erst später konnte dann Aristoteles (4.Jh.v.Chr.) auch den wissenschaftlichen Beweis für die These der Kugelförmigkeit der Erde antreten: Er schloss sie daraus, dass bei Mondfinsternissen der Schatten der Erde auf dem Mond stets als Kreisbogen zu sehen ist.

Es würde hier zu weit führen, auf all diese interessanten Entwicklungen näher einzugehen. Am Rande sei nur auch noch er-

wähnt, dass im 4. vorchristlichen Jahrhundert von einem Platon-
schüler (Herakleides von Pontos) sogar schon unser heliozentri-
sches Weltbild angenommen wurde. Das hatte sich damals aber
nicht durchsetzen können, – erst recht später nicht, als die christli-
che Kirche die Deutungshoheit hatte.

Doch zurück zu unserem Modell: Das Weltall besteht aus
den vier Elementen Feuer, Luft, Wasser und Erde, die von oben
nach unten das All ausfüllten. Dazu schreibt Plinius (nat.2,10 f.):

*Über die Zahl der Elemente besteht, wie ich sehe, kein Zwei-
fel: Es sind vier, als höchstes das Feuer, daher die Vielzahl von
Sternen, die wie Augen am Himmel leuchten. Dann kommt die
Luft ... Sie ist das Belebende, das alles durchdringt und mit allem
verbunden ist. Von ihrer Kraft getragen, wird die Erde, zusammen
mit dem vierten Element, dem Wasser, in der Mitte des Weltalls
schwebend im Gleichgewicht gehalten. So wird durch eine wech-
selseitige umfassende Bewegung von Verschiedenartigem eine
Verbindung hergestellt: Das Leichte wird durch das Schwere daran gehindert, sich zu verflüchtigen, und andererseits wird das
Schwere, damit es nicht abstürzt, durch das Leichte, das nach
oben strebt, in der Schwebe gehalten. So bleibt durch ein gleich-
mäßiges Streben nach verschiedenen Richtungen hin ein jedes an
seinem Platz und wird durch das rastlose Kreisen des Weltalls
zusammengehalten.*

Nachdem Plinius in ca. 100 Kapiteln über den oberen Teil
des Kosmos berichtet hat, fährt er dann mit der Charakterisierung
der zwischen Mond und Erde gelegenen Zone fort. Dieser Bereich
galt als Zwischenbereich zwischen Himmel und Erde. In ihm
kommt es zu Wechselwirkungen zwischen dem Himmlischen und
dem Irdischen. Dadurch, dass sich nämlich die dem göttlichen
Bereich zugehörige Himmelsluft mit den Ausdünstungen der Erde
vermischt, kommt es zu Himmelserscheinungen, wie z.B. den
Winden und Blitzen, die Plinius hier unter anderen ausführlich

erklärt. Auch diese Erscheinungen unterlägen einer gesetzlichen Regelmäßigkeit, obwohl es rein äußerlich nicht so zu sein scheine.

Daran kann man – wie auch schon an seiner Auffassung von der Göttlichkeit der Welt – erkennen, dass sein Weltbild das stoische ist, nach dem sich die Göttlichkeit des Alls in seinen regelmäßigen und planmäßigen Abläufen manifestiert. In den göttlichen Plan ist auch die Sorge für den irdischen Teil und damit vor allen Dingen für den Menschen inbegriffen. Denn jeder Mensch trägt als göttlichen Funken die Seele (bzw. den Geist) in sich. Aufgabe des Menschen ist es nun, diese ihm innewohnende Himmelskraft zur Erforschung der ihn umgebenden Welt und damit des Göttlichen einzusetzen.

Doch Plinius sieht bei seinen Zeitgenossen, dass sie diese ihnen innewohnende Kraft nicht genügend einsetzten, wie das noch die Vorfahren unter widrigeren Bedingungen zum Nutzen auch der Nachwelt getan hätten. So würden die zahllosen Seereisen seiner Zeit nicht mehr aus wissenschaftlichem Interesse angetreten, sondern allein aus Profitgründen. Wissenschaftliche Forschungen dagegen könnten einen Beitrag zur Sicherheit der Seefahrt leisten.

Nach Himmel (ca. 100 Kapitel) und himmlischem Zwischenbereich (ca. 50 Kapitel) wendet sich Plinius im Folgenden (ca. 100 Kapitel) der Erde zu:

Nach einer hymnusartigen Würdigung der Erde, die der Wohnsitz der Menschen sei und die er „Mutter" nennt, wendet Plinius seine Aufmerksamkeit noch einmal ihrer Kugelgestalt zu: Die Kugelgestalt der Erde finde zwar allseitige Anerkennung, aber es gebe doch noch einige – nicht ausdiskutierte – Probleme:

Ist die Erde wirklich überall bewohnt, und wie kann man sich erklären, dass die so genannten Antipoden, die Gegenfüßler, also die auf der entgegengesetzten Seite der Erdkugel Lebenden, nicht von der Erde herabfallen?

Welchen Einfluss haben hohe Berge und tiefe Einschnitte auf die Kugelgestalt der Erde?

Wie kann man sich gar vorstellen, dass das Meer, das die Erde doch überall sichtbar umgibt, sich auch der Kugelform anpasst?

Doch – so Plinius – diese noch zu erforschenden Probleme seien nichts gegen das Wunder, dass sich die schwergewichtige Erde schwebend im All halten könne und nicht falle.

An die Aufzählung der damals schon durch Seefahrer erkundeten Meeresstrecken – der Gefahren wegen betrieb man damals übrigens nur Küsten- oder Flussschifffahrt! – schließt er Betrachtungen darüber an, wie viel von der Erdoberfläche eigentlich bewohnbar sei und wie viel Raum davon das Meer einnehme, das ja nicht nur die Landmassen von allen Seiten umgebe, sondern diese Landmassen auch noch in ihrem Inneren in Gestalt von Flüssen, Quellen und Seen durchziehe.

Weiter stellt er fest, dass aus klimatischen Gründen nicht alle Erdstriche bewohnbar seien. Denn die Erde sei in fünf Zonen aufgeteilt, von denen zwei, nämlich die um die beiden Pole befindlichen, von ewigem Eis bedeckt sind. Unbewohnbar sei auch eine dritte, nämlich die der Sonne am meisten ausgesetzte Zone am Äquator. So blieben schließlich nur noch zwei bewohnbare Zonen übrig; und auch die seien noch durch unzählige Flüsse, Sümpfe, Seen und unzugängliche Gebirge durchbrochen. Der Mensch habe also keinen Grund, auf seine Errungenschaften übermäßig stolz zu sein angesichts seiner Begrenzung auf kleinsten Raum auf der Erde und als nur winziger Punkt im Weltall. Ich zitiere:

(2,174 f.:) *Dieser Teil der Erde, dieser – wie einige sie genannt haben – Punkt der Welt (denn im Vergleich mit dem Weltall ist die Erde nichts anderes als ein Pünktchen) ist der Gegenstand und Sitz unseres Ruhmes. Hier bekleiden wir Ehrenstellen, beherrschen Länder, streben nach Schätzen, beunruhigen das menschliche Geschlecht, erregen sogar Bürgerkriege und machen uns durch gegenseitiges Töten die Erde geräumiger. Und um*

Volksaufstände zu übergehen, hier ist es, wo wir unsere Grenz-nachbarn vertreiben, ihre Grenzstreifen stehlen und zu unserem Acker pflügen; doch den wievielten Teil der Erde hat der wohl, der die Grenzen seiner Felder erweitert und seine Nachbarn ver-trieben hat? Oder wenn er auch sein Besitztum entsprechend sei-ner Habsucht vergrößert hat, wie viel wird er bei seinem Tode davon behalten?

Nachdem Plinius im Anschluss an diese Betrachtungen nochmals die Kugelform der Erde durch verschiedene Beweise zu stützen versucht hat, kommt er in diesem zweiten, die Kosmologie beschreibenden Buch noch auf Besonderheiten wie Erdbeben, Gezeiten und Vulkanismus zu sprechen. Am Ende legt er dann Messergebnisse vor, die zum Teil schon erstaunlich genau sind (z.B. beim Erdumfang), zum Teil aber auch erheblich von den heutigen Erkenntnissen abweichen. So ist es z.B. interessant zu le-sen, dass die Ausdehnung des als bewohnt bekannten Bereichs der Erde von Westen nach Osten fast doppelt so weit gemessen wurde wie die von Norden nach Süden. Das hängt damit zusammen, dass man vor der Erforschung der kalten Gebiete im Norden und der heißen Äquatorzone zurückschreckte, so dass diese Gebiete unbe-kannt blieben. Die Ost-West-Richtung gab man dagegen mit ihrer größten Ausdehnung von Indien bis zur Straße von Gibraltar an.

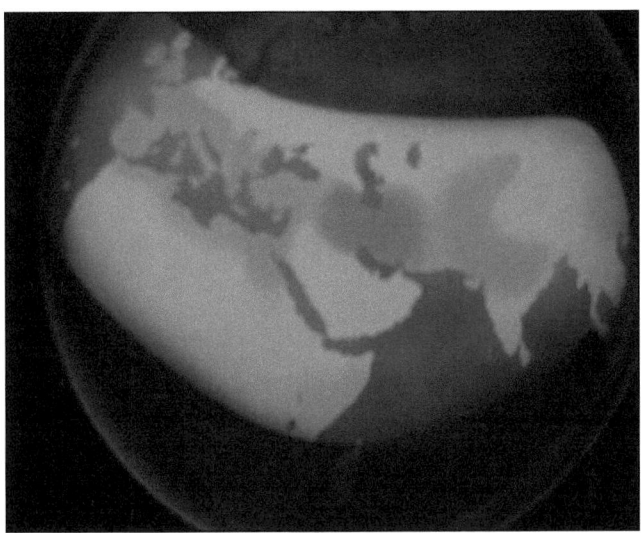

Als bewohnt bekannte Erdoberfläche z.Zt. des Ptolemäus

Damit sind wir bereits gut vorbereitet auf die Bücher 3-6, in denen Plinius die damals bekannten Erdteile beschreibt, also zur Geographie übergeht.

In der Einleitung in dieses neue Thema macht Plinius zunächst klar, dass es eigentlich ein unmögliches Unterfangen sei, dieses umfassende Gebiet vollständig zu durchleuchten. (Dass ein solches Unterfangen eine undankbare Aufgabe ist, hatte schon Cicero bemerkt, der – ca. 100 Jahre vorher – von einem ähnlichen Vorhaben wieder abgelassen hatte, weil der Gegenstand keinen Raum ließ für seinen blumigen Stil.) Deshalb bekennt sich Plinius dazu, für die einzelnen Gegenden möglichst immer die Gewährsleute zu Wort kommen zu lassen, die ihre eigene Heimat am besten kannten und sie deshalb am sorgfältigsten hatten beschreiben können. Trotzdem werde im Grunde nur ein Namensverzeichnis von Welt und Natur dabei herauskommen. Nähere Beschreibungen würden in den Büchern nachgetragen, die sich mit der Tierwelt oder der Botanik der betreffenden Länder befassten. – Und so

weist Plinius in späteren Büchern auch häufiger auf diesen geographischen Teil zurück.

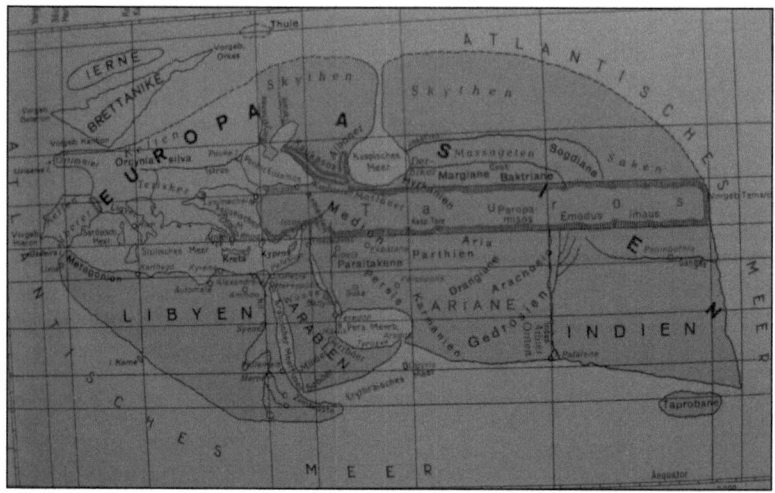

Weltkarte des Eratosthenes (3.Jh.v.Chr.)

Der Autor nennt die drei damals bekannten Erdteile, Europa,
Afrika – von den Griechen Libyen genannt – und Asien, und be-
schreibt ihre Grenzen. Man glaubte, dass sie alle ringsum vom
Weltmeer umflossen seien. Und so hielt man den Don (*Tanais*),
der nach damaligen Vorstellungen vom „Nordmeer" kommend ins
Asowsche Meer (*Maeotis*) mündete, für die Grenze zwischen Eu-
ropa und Asien, und den Nil, von dem man annahm, dass er vom
„Südmeer" her kam, betrachtete man als die Grenze zwischen
Afrika und Asien.

Dann beginnt Plinius mit der Beschreibung Europas, des
schönsten Erdteils, wie er ihn nennt. Die Beschreibung beginnt
mit der Meerenge von Gibraltar. Durch sie ströme der Ozean ins
Innere der bewohnten Welt. Durch seine Einwirkung hätten sich
an der nördlichen Küste des Mittelmeers Buchten gebildet. An
diesen entlangfahrend, will Plinius den südlichen Teil Europas in
west-östlicher Richtung beschreiben. Dabei unterscheidet er vier

Buchten; die ersten drei entsprechen dem Tyrrhenischen, dem Adriatischen und dem Ägäischen Meer. Die vierte „Bucht" erschließt sich uns nicht so leicht als solche: Sie erstreckt sich von den Dardanellen über das Marmarameer, den Bosporus und das Schwarze Meer bis zum Asowschen Meer, in das ja der Don mündet.

Dort ist Plinius also an der nördlichen Grenze zwischen Europa und Asien angekommen und beschreibt nun die nördlichen Länder Europas in entgegengesetzter Richtung: Germanien, die Inseln der Nordsee – darunter Britannien, Irland und das für eine Insel gehaltene Land „Scandia" – und die folgenden Länder werden nur kurz gestreift, bis Plinius wieder am Anfangspunkt, der südspanischen Stadt Cadiz (*Gades*) an der Straße von Gibraltar, ankommt. Diese Europabeschreibung nimmt das 3. und 4. Buch ein.

Im ersten Drittel des 5. Buches wird dann Afrika beschrieben. Genannt werden in erster Linie die Küstenvölker von West nach Ost und die Inseln um Afrika. Zum Inneren zu wird das Wissen verschwommener. Zwar hatte der karthagische Seefahrer Hanno im 5. vorchristlichen Jahrhundert die Westküste Afrikas bis nach Kamerun umschifft; doch glaubte man, dass er zur Südküste der arabischen Halbinsel vorgedrungen sei.

Viel hat Plinius dagegen dann wieder von Ägypten zu sagen, diesem alten Kulturland, das er allerdings nicht mehr zu Afrika zählt; denn Plinius nimmt ja – wie wir gehört haben – den Nil als Grenze zwischen Afrika und Asien an. Von dort geht er dann sofort zu Arabien und damit zum Erdteil Asien über:

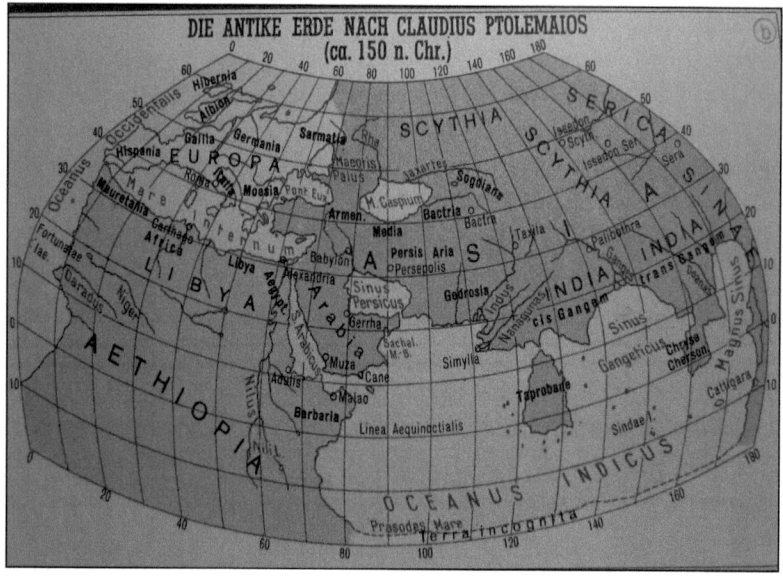

Die Erde nach Claudius Ptolemäus (ca. 150 n. Chr.)

Mit der arabischen Halbinsel beginnend, beschreibt er das gesamte vordere Asien, dringt dann aber auch über das Gebiet der Skythen und das der Serer (China) – auch hier fehlen präzise Nachrichten – bis nach Indien, das ja durch die Feldzüge Alexanders des Großen schon bekannt war, und in seinem Süden Ceylon (*Taprobane*) vor. Diese Insel wird übrigens als positive Gegenwelt zur übrigen Welt gesehen, die vom Luxus verdorben sei.

Damit hat Plinius die südliche asiatische Küste in ostwestlicher Richtung umrundet und kehrt dann über das Partherreich und Mesopotamien, das er am Tigris entlang beschreibt, wieder nach Arabien zurück.

Von dort aus überspringt er dann noch einmal die Grenze zwischen Asien und Afrika, um noch über Äthiopien und die Kanarischen Inseln zu berichten, die damals die Glückseligen Inseln genannt wurden.

Damit endet die Beschreibung der damals als bewohnt bekannten Gebiete der Erde, und Plinius wendet sich nun im 7. Buch dem Menschen und seinen Erfindungen zu. Warum beginnt er seine Detailbeschreibungen mit dem Menschen? Hier die Begründung (7,1 ff.):

Mit Recht müssen wir mit dem Menschen den Anfang machen; denn um seinetwillen scheint die Natur alles andere erschaffen zu haben. Doch der Preis, den sie den Menschen dafür zahlen lässt, ist hoch, so dass man nicht klar entscheiden kann, ob sie dem Menschen mehr eine gütige Mutter oder eine böse Stiefmutter gewesen ist:

Von allen Lebewesen ist er das einzige, das von der Natur gezwungen ist, sich mit fremder Hilfe zu bekleiden; die übrigen hat sie mit mancherlei Bedeckungen ausgestattet: mit Schalen, Rinden, Lederhäuten, Stacheln, zottigen Haaren, Borsten, Flaum, Federn, Schuppen und Wolle. Sogar die Stämme der Bäume hat sie zuweilen mit einer doppelten Rinde gegen Frost und Hitze geschützt. Nur den Menschen wirft sie am Tag seiner Geburt nackt auf die bloße Erde und lässt ihn gleich wimmern und weinen. Kein anderes Lebewesen muss schon von seinem ersten Lebenstag an Tränen vergießen. Ein Lächeln aber – und zwar nur ein flüchtiges – ist ihm nicht vor dem 40. Lebenstag vergönnt. Von diesem Eintritt ins Leben an erwarten uns Banden und Fesseln an allen Gliedern, wie sie nicht einmal die Tiere umschnüren. Und so liegt das glücklich geborene Kind da mit gebundenen Händen und Füßen, als ein weinendes Geschöpf, welches die übrigen Geschöpfe einmal beherrschen soll, und beginnt sein Leben unter Qualen. Dabei besteht seine einzige Schuld darin, geboren zu sein. Oh, welch ein Wahnsinn ist es doch, dass der Mensch trotz solchen Anfangs zum Hochmut geboren zu sein glaubt!

Im Folgenden beschreibt Plinius noch weitere Nachteile, die der Mensch gegenüber den anderen Lebewesen habe: Im Gegensatz zum Tier müsse man ihn erst alles Grundlegende lehren, er sei von vielen Krankheiten bedroht, er allein werde von Trauer befallen, aber auch von maßloser Gier und anderen Leidenschaften, und er allein mache sich Sorgen um seine Zukunft, auch die nach dem Tod. Und während die Tiere mit ihrer eigenen Gattung friedlich zusammenlebten und ihre zerstörerischen Kräfte nur gegen andere richteten, führe der Mensch auch gegen seine eigene Gattung Krieg, so dass ihm die größte Gefahr von seinesgleichen drohe.

Plinius gibt seinem Staunen darüber Ausdruck, dass jeder Mensch ein anderes Aussehen hat; kein Künstler sei fähig, eine so große Vielgestaltigkeit zu erschaffen. Es folgen einige Wundergeschichten, in denen z.B. von einbeinigen Menschen die Rede ist, die ihr einziges Bein als Schattenspender über den Kopf halten konnten; an solchen Stellen kann man sehen, dass Plinius ganz verschiedenen Quellen folgt, hier sicherlich einer alten mythischen Darstellung.

Dann richtet er sein Augenmerk auf solche Menschen, die zu seiner Zeit als glücklich galten (z.B. Kaiser Augustus). Sein eigener Schluss dazu lautet so (7,130):

Kein Mensch ist glücklich. Dem geht es gut und dem ist das Glück überaus günstig, den man zu Recht nicht unglücklich nennt; denn wenn auch sonst nichts fehlt, so ist doch die Angst, das Glück könne nachlassen, vorhanden, und hat diese Angst erst einmal Eingang gefunden, dann gibt es auch keine vollkommene Glückseligkeit mehr.

Es folgen Betrachtungen über die Lebensdauer des Menschen, seinen Tod und die Arten der Bestattungen; Plinius ist der Meinung, dass der Mensch nach seinem Tode – genau wie vor seiner Geburt – keine Empfindungen mehr haben werde. Am Schluss des Buches über den Menschen führt der Autor noch die wichtigsten Erfindungen des Menschen an (7,192 ff.), beginnend mit Grundlegendem, wie z.B. dem Anbau und der Bearbeitung von Getreide, über die Einführung der Schrift, den Bau von Schiffen und die Schifffahrt als solche (Auf dem Nil fuhr man in Booten, die aus Papyrus, Binsen und Schilf gefertigt waren!), bis zum Scheren des Bartes.

All das, worüber ich Ihnen bisher berichtet habe, gehört zum Inhalt der ersten sieben Bücher dieser ausführlichen Enzyklopädie. Zum Schluss möchte ich Ihnen nur noch ein paar Kostproben aus den übrigen 30 Büchern geben:

Damit Sie das Folgende besser in das Gesamtwerk einordnen können, hier noch einmal eine Erinnerung an den Gesamtaufbau des Buches auf Seite 50 f.

Eng verbunden mit dem Buch über den Menschen sind die folgenden vier Bücher über Zoologie (8-11). Die acht darauf folgenden (12-19) sind der Botanik gewidmet. Hieraus nun ein paar Streiflichter:

Von der Papyruspflanze, die Plinius im 13. Buch beschreibt (13,68-89), war schon am Anfang die Rede. Hier berichtet er übrigens auch über viele andere Verwendungszwecke dieser Pflanze: Papyrus gebe es in ganz verschiedenen Qualitäten. Der qualitativ beste werde aus dem innersten Mark der Pflanze hergestellt, während aus den äußeren Teilen Packpapier entstehe.

Im selben Buch tadelt er die Medizin, weil sie eine hochgiftige Pflanze als Heilmittel empfahl, mit den Worten (13,125):

... als ob man nicht genügend Heilmittel hätte, meint man so gefährliche anwenden zu müssen! Aber man liebt es, schädlichen Mitteln ein unschuldiges Gewand anzuziehen, und ist so unverschämt, die Leute glauben zu machen, Gift gehöre mit zur Medizin.

Interessant ist, was Plinius im 14. Buch zum Weingenuss sagt: Seine römischen Vorfahren hätten Frauen hart bestraft, wenn man ihnen nachweisen konnte, Wein getrunken zu haben; geküsst hätte man sie nur deshalb, damit man auf diese Weise habe feststellen können, ob sie nach berauschenden Getränken röchen (14,89 f.). An anderer Stelle (14,130) beklagt er sich darüber, dass dem Wein allerlei Zusätze und sogar Farbstoffe zugefügt würden, um ihn angenehmer zu machen. Aber auch so verurteilt er übermäßigen Weinkonsum aufs Schärfste (14,137-142): Die Menschen scheuten nicht Kosten noch Mühen, das Getränk herzustellen, das sie am Ende verwirre. In abstoßenden Bildern geißelt er damals übliche Trinksitten. So gebe es sogar Menschen, die Schierling – also ein starkes Gift! – zu sich nähmen, um sich darauf aus Todesfurcht zum Trinken zu zwingen. – Nach weiteren kuriosen Beispielen erwähnt er am Ende auch die Bierherstellung, die damals in Gallien und Spanien offensichtlich üblich war. – Aber Plinius weiß auch um die nützliche Seite des Alkohols, dort, wo er den Wein auf seine Heilkräfte hin untersucht (23,31 ff.).

Bei der Beschreibung der Bäume dürfen auch die Schmarotzerpflanzen nicht fehlen (16,249 ff.): So erfahren wir im 16. Buch, dass den Galliern die Mistel heilig war, denn man schrieb einem aus ihr zubereiteten Trank zu, unfruchtbare Tiere fruchtbar und jedes Gift unwirksam zu machen. Deshalb besteige während einer feierlichen Zeremonie ein Druide in weißem Gewand den Baum, auf dem die Mistel wachse, und schneide sie mit einer goldenen Sichel. – Wer dächte da nicht spontan an Miraculix aus den Asterix-Heften, der ja auf dieselbe Weise die Herstellung seines Zaubertranks für die Gallier vorbereitet, die sich nach seinem Genuss als einzige gegen die Römer aufmüpfig behaupten können!

Am Ende seines Werkes – und meines Vortrags – versucht Plinius eine Wertung des Beschriebenen vorzunehmen. Dabei erkennt er seiner Heimat Italien unter allen Ländern die Palme zu; denn er preist Italien als das schönste Land, so wie er schon vorher Europa zum schönsten Erdteil gekürt hatte. Und am Schluss seines Lobpreises auf Italien lesen wir diesen pathetischen Anruf an die Natur, in dem er sich indirekt persönlich in den Lobpreis mit einbezieht:

Sei mir gegrüßt, Natur, du Mutter aller Dinge, und nimm es mit Freundlichkeit auf, dass von allen Bürgern Roms ich allein dich in all deinen Teilen verherrlicht habe!

68

Literatur:

Die Naturgeschichte des Caius Plinius Secundus, hrsg. von L. Möller und M. Vogel, 2 Bd., Wiesbaden 2007

C. Plinius Secundus d. Ä., Naturkunde, hrsg. u. übers. von G. Winkler u. R. König, 5 Bd., Patmos-Verlag 2008

Plinius der Ältere, Naturalis historia, Naturgeschichte, ausgew., übers. u. hrsg. von Marion Giebel, Stuttgart 2005

C. Plinius Secundus, Epistulae, liber III; Briefe, 3. Buch, Lateinisch/Deutsch, übers. und hrsg. von H. Philips, Stuttgart 1989

Wolfgang Hübner (Hg.): Geographie und verwandte Wissenschaften in: Geschichte der Mathematik und der Naturwissenschaften in der Antike, Bd. 2, Stuttgart 2000

Pleticha/Schönberger, Die Römer, Gütersloh 1977

Ernst Künzl, Himmelsgloben und Sternkarten, Mainz 2004
(daraus die Abb. S.17 u. S.23 mit freundlicher Genehmigung des Autors)

Großer Historischer Weltatlas, Teil 1, hrsg. vom Bayerischen Schulbuch-Verlag, München 1958
(daraus Abb. SS. 6, 24, 26)